겨울날 말씀 묵상

Truth for Life: 365 Daily Devotions - Vol.1
by Alistair Begg

First published by The Good Book Company
with the title of *Truth for Life - Vol.1: 365 Daily Devotions*
Copyright ⓒ 2021 Alistair Begg
All rights reserved.

Korean Edition published by Word of Life Press, Seoul 2023.
Translated and published by permission.
Printed in Korea.

이 책은 *Truth for Life: 365 Daily Devotions - Vol.1*의 9~67, 343~373쪽 내용을 분권 출간한 것입니다.

겨울날 말씀 묵상

ⓒ 생명의말씀사 2023

2023년 11월 13일 1판 1쇄 발행

펴낸이 | 김창영
펴낸곳 | 생명의말씀사

등록 | 1962.1.10. No.300-1962-1
주소 | 서울시 종로구 경희궁1길 6 (03176)
전화 | 02)738-6555(본사) · 02)3159-7979(영업)
팩스 | 02)739-3824(본사) · 080-022-8585(영업)

기획편집 | 유영란, 최은용
디자인 | 한예은, 조현진
인쇄 | 영진문원
제본 | 다온바인텍

ISBN 978-89-04-16849-1 (04230)
    978-89-04-70085-1 (세트)

저작권자의 허락 없이 이 책의 일부 또는 전체를
무단 복제, 전재, 발췌하면 저작권법에 의해 처벌을 받습니다.

from Truth for Life

겨울날 말씀 묵상

알리스테어 벡 지음 | 이선숙 옮김

추운 계절을
맞서게 된
당신을 위해

든든한
동행이 되어줄
진리가

여기 있습니다.

추천의 글

"매일 말씀을 읽는 훈련은 하나의 반복적인 일상이 되거나 하나의 일거리처럼 되기 쉽다. 그래서 익숙한 성경 이야기를 새롭게 제시하고, 많은 생각을 하도록 이끄는 훌륭한 안내자의 도움이 필요하다. 이 책이 바로 그렇다. 이 책은 우리가 좀 더 분명하게 사고하고, 하나님을 더욱 뜨겁게 사랑하고, 보다 경건하게 행동하도록 돕는다. 성경 묵상에 대한 내면의 열정이 다시 불붙을 것이다."

칼 트루먼(Carl R. Trueman), 그로브시티칼리지 성경학과 및 종교학과 교수

"매일 묵상집은 성경을 매일 읽고 묵상하는 습관을 기르는 데 큰 도움이 된다. 그중에서도 이 책은 정말 순금과 같다. 알리스테어 벡은 숙련된 영혼의 외과 의사처럼 성경 말씀과 우리 마음을 예리하게 해부한다. 우리 시대 최고의 설교가로부터 나오는 매일의 놀라운 지혜가 있다. 이런 책이 어찌 마음과 생각에 생명을 공급하는 영양분이 되지 않겠는가?"

데릭 토머스(Derek W. H. Thomas), 콜롬비아제일장로교회 목사,
리폼드신학교 학장, 『익투스』 저자

"영적 건강의 척도가 되는 매일 성경 읽기를 하는 데 이 책이 엄청난 도움이 되었다. 말씀 구절이 내 상황에 맞게 새롭게 이해되었고 또 어떤 날에는 해석을 읽으며 더 깊은 묵상을 할 수 있었다. 교회에서 제자 양육을 도울 수 있는 정말 좋은 선물이다."

리코 타이스(Rico Tice), 런던 랭햄 플레이스의 올솔스교회 수석목사,
『교회를 섬기는 당신에게』 저자

"성경에 있는 하나님의 말씀을 깨닫고 경험하도록 도와줄 지혜롭고 섬세한 안내서를 찾는다면 이 책에 푹 빠지게 될 것이다. 매일의 묵상이 보석 같다. 말씀의 빛이 우리 생각과 감정과 행동을 비추어준다. 정말 유익한 책이다!"

존 우드하우스(John Woodhouse), 호주 시드니 소재 무어신학교 전(前) 학장

"알리스테어 벡의 묵상은 단순하면서도 심오하고, 짧으면서도 풍성하고, 도전적이면서도 용기를 준다. 삶의 모든 영역을 다루며 구별된 삶을 살도록 도와주고 변화된 삶을 살도록 이끈다. 개인적으로 하든 여럿이 하든 가장 이상적인 묵상집이 될 것이다."

팀 챌리스(Tim Challies), Cruciform Press 설립자, 『한눈으로 보는 비주얼 성경 읽기』 저자

"알리스테어 벡은 성경을 잘 알 뿐 아니라 거기에 사랑을 담아 영혼의 치료제를 만들어낸다. 이 책은 명료한 신학을 이해하기 쉽게 전달해 우리의 생각을 더욱 깊게 하고, 그리스도의 아름다움을 드러내 우리 마음을 따스하고 풍요롭게 한다. 저자가 수년간 성경을 연구하고 사람들을 돌보며 얻은 열매이기에 영혼에 큰 유익이 될 것이다."

크리스토퍼 애쉬(Christopher Ash), 틴데일하우스 레지던스 작가, 성경 교사, 『분노』 저자

"이 책은 기쁠 때는 찬양하게 돕고, 고군분투할 때는 위로를 주고, 의심이 들 때는 격려하고, 상처가 났을 때는 치료제가 된다. 하나님이 말씀 안에서 드러내시는 그분의 영광과 선하심을 볼 수 있도록 날마다 우리를 이끈다. 누구든 이 책에서 엄청난 보화를 발견하게 될 것이다."

키스 & 크리스틴 게티(Keith & Kristyn Getty), 찬양 사역자, 게티뮤직 설립자

들어가는 글

　하나님의 말씀은 영광스러운 선물이다. 우리 아버지께서는 우리가 그분의 아들을 알고 우리가 그분의 진리에 순종하여 성령님의 능력 안에서 살도록 우리에게 말씀을 주셨다.
　잠시 멈춰서 그 의미를 생각해 보자. 성경을 읽는다는 것은 온 우주의 창조주가 피조세계를 향해 하신 말씀을 다루는 것이다. 그분의 말씀이 없다면 우리는 우리 자신이나 우리가 사는 세상 또는 그 어떤 것도 이해할 수 없다. 신문을 읽을 때, 세상 돌아가는 것을 이해하려고 애쓸 때, 우리 역사와 미래를 바라볼 때 모든 것을 잘 처리하고 싶다면 우리에게 필요한 것은 바로 성경이다. 하나님의 말씀은 우리가 매일의 삶을 항해할 때 필요한 진리를 제공할 뿐 아니라 진정한 생명을 찾게 해주는 바로 그분을 바라보게 한다.
　그래서 이 묵상집은 날짜와 제목 바로 아래에 가장 중요한 말씀을 배치했다. 그것은 살아계시고 다스리시며 영원하신 하나님의 말씀이다. 하나님이 영감을 불어넣으신 그 말씀 밑에 해설을 달아놓은 이유는 하나님의 말씀을 설명하고, 그 말씀으로 격려하고, 그 말씀이 어떻게 삶의 모든 영역에서 우리가 그리스도를 위해 살아가도록 영감을 주고 준비시키는지 묵상하기 위해서다. 성경은 하나님의 말씀에 대해 "너로 하여금 그리스도 예수 안에 있는 믿음으로 말미암아 구원에 이르는 지혜가 있게" 하고 "교훈과 책망과 바르게

함과 의로 교육하기에 유익하니 이는 하나님의 사람으로 온전하게 하며 모든 선한 일을 행할 능력을 갖추게 하려"(딤후 3:16-17)는 것이라고 말한다.

이 책은 '매일' 묵상하도록 쓰였는데, 사람은 떡으로만 살 수 없고 하나님의 입에서 나오는 모든 말씀으로 살기 때문이다(마 4:4). 즉, 하나님의 말씀이 우리를 날마다 지탱해준다. 우리의 육체적 건강을 위해 음식이 필요하듯이 우리의 영적 건강을 위해서는 하나님의 말씀이 꼭 필요하다.

어떤 날은 하나님의 말씀을 읽는 것이 즐거울 수 있지만 또 어떤 날은 의무처럼 느껴지기도 할 것이다. 하지만 하나님의 말씀은 날마다 꼭 필요하다. 운동과 같다고 생각하자. 육상 선수라면 트랙을 도는 것이 기분 좋을 때도 있지만 힘들어서 억지로 해야 하는 날도 있을 것이다. 아마도 대부분의 사람들이 하나님의 말씀을 묵상하는 시간이 굉장할 거라는 기대를 하며 매일 아침 자리에서 일어나지는 못할 것이다. 성경을 읽을 때마다 감동을 받아야 한다고 생각하거나 성경을 열기만 해도 '복을 받아야 한다'고 생각한다면, 아마도 간신히 어쩌다 한 번씩 읽거나 성경 읽기에 실망하고 말 것이다. 하나님의 말씀을 읽고 묵상하다 보면 무언가가 느껴지고 기쁘고 흥분되는 시간이 있을 것이다. 하지만 그런 시간들이 매일 혹은 여러 날 지속되지 않는다고 해도 걱정하지 말라. 매일 의지적으로 성경으로 돌아가자. (성경 읽는 습관에서 벗어난 것

같으면 그냥 다시 시작하면 된다.) 왜냐하면 하나님의 말씀은 살아있고 활력이 있어서 우리의 마음이 감지하는 것보다 훨씬 더 깊고 심오한 방법으로 우리 안에서 일하기 때문이다.

그리고 성경 말씀은 우리의 생각과 마음과 삶을 달라지게 한다(반드시 그렇게 될 수밖에 없다). 그래서 묵상 맨 아래에 다음 세 가지 아이콘을 넣었다. 이 아이콘을 볼 때마다 스스로에게 이렇게 말하라. "이제 이 말씀을 읽었으니….."

 하나님은 내가 어떻게 다르게 생각하기를 원하실까?
 하나님은 내 마음의 사랑(내가 사랑하는 것)이 어떻게 재정리되기 원하실까?
 하나님은 오늘 내가 무엇을 실천하기 원하실까?

매일 이 세 가지 질문에 모두 답할 수 없을지도 모른다. 하지만 이 질문을 던지다 보면 하나님의 성령께서 우리의 생각과 마음과 삶에 대해 무엇이라고 말씀하시는지 알게 된다. 그러면 그날 읽은 말씀에 반응하여 기도하는 데에도 큰 도움이 될 것이다. 이 아이콘 옆에는 그날 묵상할 내용과 연관된 성경 구절을 제시했다. 시간이 있으면 그 구절도 찾아보며 하나님의 말씀에 더 깊이 들어가 보기 바란다.

하나님의 말씀은 우리에게 필요한 말씀이다. 그래서 기도하기는, 매일 이 말씀들을 읽으면서 하나님의 사랑하는 자녀인 여러분의 인생이 변화될 수 있으면 좋겠다. 하나님의 성령께서 그분의 말씀을 통해 여러분에게 그분의 아들을 보여주시리라 믿는다. 여러분도 그렇게 기도하지 않겠는가? 내 친구 키스 게티와 스튜어트 타운엔드의 말을 빌려 다음과 같이 기도하면서 매일 묵상을 시작하면 좋겠다.

하나님의 살아있는 호흡이신 성령님,
내 영에 새 생명을 불어넣으소서.
부활하신 주님의 임재로 인하여
내 마음이 새로워지게 하시고 나를 온전하게 하소서.
당신의 말씀이 내 안에 살아있게 하소서.
볼 수 없는 것을 믿게 하소서.
당신의 순결을 갈망하게 하소서.
성령님, 내 안에 새 생명을 불어넣으소서.

December

12월

12월 1일
먼저 계신 말씀

"태초에 말씀이 계시니라
이 말씀이 하나님과 함께 계셨으니
이 말씀은 곧 하나님이시니라
그가 태초에 하나님과 함께 계셨고"

(요 1:1-2)

    우리는 예수님의 모습을 마음에 그릴 때 성경적인 신학에 근거하기보다는 예술적인 창의성에 더 의존하곤 한다. 성경에는 "키가 자라가며"(눅 2:52)라는 기록 이외에 그리스도의 신체에 대한 다른 어떤 설명도 없다. 그래서 많은 사람이 서구 문화의 영향을 받아 그분을 푸른 눈동자를 가진 금발 청년의 모습으로 상상하는 경우가 많다. 그러나 그것은 그분을 이해하는 데 전혀 도움이 되지 않는다. 이런 모습은 예수님이 중동에 살던 유대인이었다는 사실을 망각하게 할 뿐 아니라, 요한복음이 그분을 소개하는 놀라운 방식을 이해하고 음미하는 데 방해가 된다.

    요한은 요한복음 서두부터 그리스도의 영원성과 그분의 인성(personality), 그리고 신성에 대해 말한다. 우리가 시간의 시작을 언제로, 또 어떤 방식으로 생각하든, 우리는 성육신 이전에 선재하신 하나님의 아들을 발견하게 될 것이다. 그분은 창조주이시므로 창조되지 않으셨다. 구유에 누인 아기는, 하늘에 별들을 놓으신(동방에서 온 박사들이 따라와 그분을 경배했던 그 별도 포함해서) 바로 그분이었다.

    그분의 영원성 안에서 이 말씀, 곧 예수님은 본질이 아닌 위격에서 성부와 성령과 구별되신다. 그분은 "하나님과 함께 계셨"지만 "곧 하나님"이셨다. 혼란스럽게 들릴 수도 있지만 요한은 이 말을 추상적으로 쓰지 않았다. 그는 자신이 만나고, 보고, 듣고, 만진 한 사람(a person)을 제시하고 있었다. 그것은 하나님의 살아있는 말씀의 능력이었고, 그래서 우리가 사도와 함께 "이 생명이 나타내신 바 된지라 이 영원한 생명을 우리가 보았고"(요일 1:2)라고 말할 무대가 마련되었다.

요한은 그리스도께서 하나님과 '함께' 계셨을 뿐 아니라 바로 하나님'이셨다'는 사실을 강조하면서, 우리가 요한복음을 읽을 때 예수님의 신성을 염두에 두길 원한다. 성경을 한 장 한 장 넘기면서 예수님의 말씀을 읽고 그분이 행하신 일들을 볼 때, 우리는 그것이 하나님이 친히 하신 말씀이고 행동이라는 것을 깨달아야 한다.

예수님이 그저 선한 인간에 불과하다면, 요한복음에서 읽는 모든 내용은 결국 신성모독이 된다. 하지만 예수님은 인간 그 이상이시다. 그분은 과거와 현재 그리고 미래에서 모든 것을 창조하신 하나님과 하나이시다. 브루스 밀른(Bruce Milne)이 말했듯이, 예수님이 진정으로 누구신지 알고 "계속해서 그분을 경배하고, 주저 없이 그분께 순종하고, 아낌없이 그분을 사랑하고, 마음껏 그분을 섬기기"[1] 위해서는 먼저 요한이 요한복음 서두에서 하는 말의 의미를 이해해야 한다. 만약 주님을 경배하고 순종하고 사랑하고 섬기기 어렵다고 느껴진다면 답은 이것이다. 그분을 바라보라. 구유에 누이신 그분이 하나님과 함께 계셨던 그 말씀이었으며 처음부터 하나님이셨음을 더 잘 이해한다면, 그리스도인으로서 우리의 의무가 자연스럽게 기쁨으로 변하는 것을 볼 것이다.

 요한복음 1장 1-18절

12월 2일
창조주를 알기

"참 빛 곧 세상에 와서 각 사람에게 비추는 빛이 있었나니
그가 세상에 계셨으며 세상은 그로 말미암아 지은 바 되었으되
세상이 그를 알지 못하였고"

(요 1:9-10)

복음서마다 예수님의 일생에 대해 각기 다른 접근을 하지만 그들의 목적은 같다. 요한이 말하듯이 "너희로 예수께서 하나님의 아들 그리스도이심을 믿게 하려 함이요 또 너희로 믿고 그 이름을 힘입어 생명을 얻게 하려 함"이다(요 20:31). 이 구절은 요한복음 끝부분에 나오는데, 은혜로우신 하나님이 우리가 그분을 알고 사랑하도록 그분의 백성을 먼저 찾으셨다는 사실을 초대교회 독자들에게 상기시키려는 것이었다.

예수님은 세상의 창조주이시면서도 세상 속으로 들어오셨지만, 세상은 그분을 알아보지 못했다. 그분은 인간의 모습으로 하늘에서 내려오셔서 도심의 거리를 다니시고 우리 가운데서 행하시며 우리가 영원히 어둠 속에서 살지 않고 빛 가운데서 그분과 함께 살게 하셨다. 그러나 2천 년 전과 다를 바 없이, 오늘날 많은 이들이 그리스도께서 우리로 누리게 하신 생명의 선물이 얼마나 값진 것인지 알지 못한다. 그래서 그들은 그리스도께서 주시려 했던 영생의 선물을 박탈당한다. 그들이 그분을 알지 못하기 때문이다.

바울은 하나님의 "보이지 아니하는 것들 곧 그의 영원하신 능력과 신성이 그가 만드신 만물에 분명히 보여" 알려졌다고 했다(롬 1:20). 즉, 하나님이 모든 사람에게 베푸신 은혜로 인해 이 피조세계는 우리가 유신론자가 되기에 충분한 증거를 보여준다. 따라서 모든 사람은 "핑계하지 못"한다(롬 1:20).

그러나 바울은 이 문맥에서도 사람들이 "하나님을 알되 하나님을 영화롭게도 아니하며 감사하지도 아니하고 오히려 그 생각이 허망하여지며 미련한 마음이 어두워졌나니"(롬 1:21)라고 말한다. 그들은 하나님의 존재를 알았지만 그 지식을 애써 누르며 그분을 주님과 구원자로 알기를 거부했다.

이것은 우리를 겸손케 하는 경고다. 우리가 하나님께 그분이 마땅히 받아야 할 경외와 찬양 드리기를 소홀히 한다면, 하나님께서 오늘날에도 계속 우리를 찾으실 때 사용하시는 그 영광스러운 방법들을 잊을 위험이 있다.

예수님의 말씀과 진리, 그분의 이야기는 수백 년 동안 서구 사회에서 누구나 들을 수 있었다. 하지만 여전히 너무나 많은 이들이 예수님이 누구신지 생각도 하지 않으면서 세월을 보낸다. 믿는 자들도 예외가 아니다. 주일 아침 예배를 드리고 아침 묵상을 하면서도 예수님을 주님과 구원자로 알지 못하고 살아갈 수 있다. 예수님이 우리 안에 있는 빛이시며 새 생명이시다. 예수님 덕분에 우리는 영원히 하나님과 살 수 있게 되었다. 예수님이 우리의 위대한 주님이시며 온유한 구원자이시고, 우리가 꼭 알아야 할 분이시라는 진리를 매 순간 기억하며 산다면, 우리의 삶이 얼마나 달라질지 상상해보라.

 고린도전서 1장 18-31절

12월 3일
하나님의 권위에 도전하는 것

"자기 땅에 오매
자기 백성이 영접하지 아니하였으나"
(요 1:11)

많은 배우들이 자신이 햄릿 역에 잘 맞는다고 생각하지만, 사실은 그렇지 않다. 대부분은 그 역을 맡을 만큼의 능력이나 경험이 없다. 하지만 그렇다고 그들이 도전을 멈출 필요는 없다.

이와 비슷하게, 많은 이들이 오직 하나님만 맡을 수 있는 역할을 자신이 할 수 있다고 잘못 믿는 바람에 자신의 삶에 대한 하나님의 권위에 도전하려는 유혹을 받는다. 우리는 종종 자신이 처한 환경 속에서 그분의 신적 손길을 신뢰하지 못하곤 한다. 그분의 손을 신뢰하는 대신 그분의 전능하신 뜻에 의문을 품는다. 오직 창조주 하나님만이 하실 수 있는 역할을 빼앗으려 한다.

사람들이 하나님의 권위에 도전하는 것은 어제오늘의 일이 아니다. 예수님이 구약의 예언을 성취하시기 위해 이 땅에 오셔서 사역하시는 동안 그분은 자기 백성에게 환영받지 못하셨다. 이스라엘은 메시아를 기다려왔지만, 막상 그분이 오시자 그분의 권위에 의문을 제기하며 그분의 정체성을 거부했다. 그들은 예언은 알았지만 그 예언이 성취되는 것은 알아보지 못했다.

예수님은 유대 종교 지도자들과 이방인 통치자들의 손에 죽으시기 며칠 전에, 악한 소작농의 비유를 말씀하셨다. 그들은 포도원 주인을 거부하고 그 아들을 죽였다. 예수님은 자신의 행동을 정당화해 보라는 대제사장과 서기관과 장로들을 향해, 사랑의 마음을 담아 그들의 보지 못함을 지적하셨다(막 12:1-

12). 그들은 예수님이 하나님의 아들이라고 주장하신다는 것을 알았다. 하지만 그들이 주인의 아들을 붙든 소작농처럼 행동한다는 예수님의 경고를 듣자마자(정말 슬프도록 아이러니하게도) 그들은 바로 예수님을 체포하려고 했다.

'저 종교 지도자들이 우주의 왕과 맞서서 그분의 권위에 도전하다니 얼마나 주제넘은 일인가!'라고 생각하기 쉽다. 하지만 우리도 그들과 전혀 다를 바 없다. 우리도 악한 본성으로 하나님이 보내신 아들을 받아들이지 않으려고 했다. 우리는 어둠 속에서 살려는 경향이 있다. 아니, 사실 우리는 그 어둠을 매우 좋아한다! "빛이 세상에 왔으되 사람들이 자기 행위가 악하므로 빛보다 어둠을 더 사랑한 것"(요 3:19)이라는 요한의 말 속에 이 사실이 잘 드러난다. 사람들은 본성상 복음의 빛이 그들의 마음에 들어오도록 얌전히 앉아 기다리지 않는다. 하지만 하나님은 은혜로우셔서 그들의 보지 못하는 눈을 열어주시고 그 아들을 보고, 믿고, 예배하게 하신다.

이런 이유로 성경은 언제나 '오늘'을 말한다. 그리스도를 위해 살기에 오늘보다 좋은 날은 없다. 믿는 자들도 지속적인 회개와 회복을 통해 스스로 하나님 역할을 하는 대신 주님과 동행하고자 해야 한다. 우리 마음이 죄에 대해 민감하며, 우리를 향한 하나님의 끊임없는 인내를 경험할 때, 하나님의 사랑은 우리를 거룩함으로 이끌 것이다. 하나님은 우리의 삶에서 오직 그분만이 행하실 수 있는 역할을 하시는 분이다. 그 하나님과 동행할 때, 우리는 즐겁게 확신에 차서 그분이 우리에게 주신 역할을 완수할 수 있다. 하나님이 우리에게 선물로 주신 삶을 살아내고, 하나님이 이 '무대'에 우리를 초대하신 그 목적을 이뤄낼 것이다. 하나님을 누리고 알고 섬기는 삶을 살게 될 것이다.

 마가복음 12장 1-12절

12월 4일
하나님의 자녀

"영접하는 자 곧 그 이름을 믿는 자들에게는
하나님의 자녀가 되는 권세를 주셨으니
이는 혈통으로나 육정으로나 사람의 뜻으로 나지 아니하고
오직 하나님께로부터 난 자들이니라"

(요 1:12-13)

어떤 교회들은 하나님이 온 우주의 창조주이시며 그 결과 우리는 다 형제자매라는 말을 늘상 한다. 하지만 우리는 이런 주장이 갖는 한계에 주의를 기울여야 한다. 하나님이 천지를 지으셨기에 우리가 모두 하나님의 자녀이긴 하지만, 신약성경은 또한 우리가 길을 잃은 "진노의 자녀"(엡 2:3)이기에 하나님의 가족으로 입양될 필요가 있음을 일깨워준다.

우리는 어떤 자연적인 과정에 의해 하나님의 자녀가 되는 것이 아니다. 유전학이나 인간의 노력에 따른 결과가 아니다. 아무도 하나님 나라에서 태어나지 않는다. 그래서 예수님은 니고데모(완벽한 유대 혈통을 가진 신실한 사람)에게 거듭나야 한다고 말씀하신다(요 3:3). 하나님의 자녀가 되는 것은 '영적' 과정, 즉 하나님께서 자비와 은혜로 우리를 위해 행하시는 어떤 것이다.

육체적으로 태어났을 때를 생각해보라. 내가 그것을 통제하거나 성취해내지 않았다. 그리스도 안에서 새롭게 태어나는 것도 이와 같다. 하나님이 누군가를 거듭나게 하실 때, 그에 따라오는 새 생명은 오직 하나님의 권위로만 가능하다. 그분만이 우리에게 그분의 자녀가 되는 권리를 주실 수 있다.

나폴레옹 황제가 어느 날 가지고 다니던 종이를 꺼내 읽으려다가 고삐를 놓치는 바람에 말에서 떨어질 뻔했다. 말이 요동치기 시작하자 한 상병이 얼른 말의 굴레를 잡았다. 나폴레옹은 그를 향해 몸을 돌리며 말했다. "고맙소,

대장." 그러자 그 상병이 물었다. "어느 부대를 주시겠습니까, 폐하?" "내 근위대일세." 나폴레옹이 대답했다.²

그 사람은 단번에 진급해서 참모 본부에 접근할 권한을 얻었고 황제의 관료들 사이에 들어가게 되었다. 다른 사람들이 어떻게 된 건지 물으면, 그는 황제의 권한으로 경비대장이 되었다고 대답할 수 있었다.

우리가 예수님을 주님과 구원자로 받아들였다면, 우리는 하나님의 자녀다. 하나님이 우리의 삶에 새로운 정체성을 인증해주셨기 때문에 아무도 시비를 걸 수 없다. 우리는 왕 중의 왕이신 예수님이 우리를 하나님의 자녀에 속하게 하셨다는 확신으로 살 수 있다. 우리가 누구든 어떤 삶을 살았든, 이제는 하나님의 자녀라는 정체성이 우리의 핵심이다. 우리는 이 놀라운 사실 때문에 당당히 머리를 들고, 어떤 일이 일어나든 하나님의 자녀임을 확신하며 살아갈 수 있다.

 요한일서 2장 28절-3장 3절

12월 5일
그분은 스스로 낮추셨다

"말씀이 육신이 되어 우리 가운데 거하시매
우리가 그의 영광을 보니 아버지의 독생자의 영광이요
은혜와 진리가 충만하더라…
우리가 다 그의 충만한 데서 받으니 은혜 위에 은혜러라"
(요 1:14, 16)

영화배우 스티브 맥퀸(Steve McQueen)은 놀라운 인생을(가끔은 지저분하긴 했지만) 살았다. 그는 1980년에 죽었다. 하지만 그가 병에 걸리기 전, 한 신실한 목회자가 그에게 복음을 전했고 그는 그리스도를 경배하고 신뢰했다. 회심 이후, 그는 대중의 시선에서 벗어나 성경공부를 하고 주일 예배를 드리는 신실한 일상을 살았다. 이혼과 약물 중독, 형편없는 도덕적 선택들로 엉망이 된 자신의 삶에도 불구하고 하나님이 그를 너무나 사랑하셨다는 진리에 감격했다.

맥퀸은 하나님이 자신을 아무것도 아닌 존재로 만드신 이유는 그러한 깨달음 속에서 비로소 중요한 사람이 될 수 있기 때문이라는 사실을 점점 더 선명하게 이해하게 되었다. 하나님은 우리에게도 동일하게 행하신다.

우리는 이 예수님의 패턴을 따르도록 부르심 받았다. 예수님은 태어날 때부터, 그분이 이전에 가지고 계시던 영광을 버리고 우리를 위해 이 소망 없는 타락한 세상으로 오셨다. 그분은 병거를 타고 오신 것이 아니라 구유에 오셨다. 왕의 홀을 가지고 오신 것이 아니라 마구간으로 오셨다. 예수님은 하늘의 주권자이시면서 동시에 땅의 종이기도 하셨다.

그러나 그분이 스스로 아무것도 아닌 존재가 되셨다는 것은 그분이 하나님이셨다가 인간이 되셨다는 의미가 아니다. "말씀이 육신이 되어 우리 가운데 거하시매"라는 구절을 읽을 때 우리가 기억해야 할 것은, 우리의 놀라운 구세주께서는 그분의 신성을 포기하지 않은 채로 인간의 모습을 입으셨다는 놀라운 역설이다. 그분은 온전히 하나님이시면서 동시에 온전히 인간이시다!

우리의 유한한 인간적인 마음은 때로 그리스도의 신성에만 초점을 맞춘 나머지 그분이 우리와 마찬가지로 인간이셨다는 사실을 기억하지 못한다. 또 어느 때는 그분의 인성에 너무 집중한 나머지 그분의 신성을 보지 못하기도 한다. 그러나 성경은 그리스도의 두 본성을 똑같이 고수한다. 그분은 "사람의 모양으로"(빌 2:8) 나타나셨지만 보이는 모습이 전부가 아니었다.

예수님은 눈에 보이는 것보다 더 많은 것을 가지고 계신다. 겉으로는 보통 사람처럼 보일지 모르지만, 폭풍우가 칠 때 배 위에 서서 바다를 잠잠하게 할 수 있는 사람은 없다. 오직 하나님만 다리 저는 사람을 고치실 수 있으며, 눈먼 사람의 눈을 고쳐주실 수 있다. 그분만이 천사들의 예배와 모든 피조물의 찬양을 받을 자격이 있다. 그러나 예수님은 성육신하시면서 "그것이 나에게 무슨 유익이 있지?"라고 묻지 않으셨다. 오히려 "인자가 온 것은 섬김을 받으려 함이 아니라 도리어 섬기려 하고 자기 목숨을 많은 사람의 대속물로 주려 함"(막 10:45)이라는 것을 알고 계셨다. 그분은 기꺼이 모든 것을 버리고 아무것도 아닌 존재가 되어, 자신이 아무것도 아님을 인정하는 사람들에게 모든 것을 주고자 하셨다. 그분이 육신을 입으신 것은 섬기기 위해, 또 그분을 따르는 모든 사람에게 아름다운 겸손의 본을 보이기 위해서다. 오늘 우리 앞에 놓인 일과 책임 가운데 그분의 본을 어떻게 따르겠는가?

 빌립보서 2장 1-13절

12월 6일

깨어있기

"…자다가 깰 때가 벌써 되었으니
이는 이제 우리의 구원이 처음 믿을 때보다 가까웠음이라…
낮에와 같이 단정히 행하고 방탕하거나 술 취하지 말며
음란하거나 호색하지 말며 다투거나 시기하지 말고"

(롬 13:11, 13)

영국 정부는 2차 세계대전 중에 "부주의한 말이 생명을 앗아간다"는 캠페인을 벌였다. 이는 '적들의 듣는 귀는 단 한 번의 말실수에도 덤벼들 준비가 되어 있다'는 뜻으로, 사람들로 주변의 위험을 인지하게 하려는 것이었다.

오늘 본문에서 바울은 이와 비슷하게 우리 그리스도인의 삶에서도 '부주의함이 생명을 앗아갈 수 있다'고 경고한다. 부주의는 우리를 위험에 노출시킨다. 많은 사람이 영적으로 부주의한 삶을 산다. 일종의 도덕적인 꿈속에서 살듯, 깨어서 주변의 위험에 주의를 기울이지 못한다. 이러한 삶은 우리를 취약하게 한다. 깨어서 민감하게 정결을 추구하며 사는 것이 왜 중요한지 간단히 두 가지 이유를 찾아보자.

먼저, 바울은 이렇게 말한다. "너희 대적 마귀가 우는 사자 같이 두루 다니며 삼킬 자를 찾나니"(벧전 5:8). 자기 자신을 속이지 말라. 죄는 약탈하며, 대적은 사자와 같다. 가인이 동생에게 화를 냈을 때 하나님께서 어떻게 말씀하셨는지 기억해보라. "죄가 문에 엎드려 있느니라 죄가 너를 원하나 너는 죄를 다스릴지니라"(창 4:7).

누가 가장 쉬운 먹잇감인지 아는가? 홀로 있는 그리스도인이다. 고립되면 위험에 취약해지고 의지할 곳이 없어진다. 우리는 거룩한 무리와 함께 있을 때 가장 쉽게 "단정히" 행하게 된다. 우리는 낮의 자녀들처럼 행하고, 어둠에 미혹되어서는 안 된다. 어둠은 고립을 낳기 때문이다. 정결을 추구하면 빛 가운데 걸으며 빛의 자녀들과 함께하게 된다.

두 번째로, 우리가 깨어서 경계해야 하는 이유는 영원이 우리 앞에 놓여 있기 때문이다. 히브리서 11장에 나오는 믿음의 영웅들이 '영웅'이라는 호칭을 얻은 것은 무엇 때문인가? 그들은 저 너머의 도성, 곧 하나님이 기초가 되시고 하나님이 세우신 도성을 바라보았다(히 11:10).

예를 들어, 모세는 즉각적인 만족이 주는 유혹에 굴복하지 않았다. 그는 순간을 위해 자신의 영혼을 팔지 않았다. 그는 안락과 특권을 위해 자신의 사역과 미래와 가족을 포기하지 않았다. 그는 그 대신 좀 더 어려운 길을 택했다. 성경은 이를 어떻게 묘사하는가? "그리스도를 위하여 받는 수모를 애굽의 모든 보화보다 더 큰 재물로 여겼으니 이는 상 주심을 바라봄이라"(히 11:26). 모세는 흠 없는 사람이 아니었다. 그리고 우리도 마찬가지다. 하지만 그렇다고 정결의 문제에서 우리가 그리스도를 위해 살 수 없는 것은 아니다. 결국 우리의 구원은 점점 더 가까워지고 있으며, 우리는 주 예수님이 나타나실 때 그분을 위해 준비가 되어있을 것이다.

우리의 과거가 어떠했든지, 최근에 어떤 실수를 하고 어떤 절망을 했든지, 정신을 차리고 깨어있기에는 늦지 않았다. 대적은 잠자지 않을 것이고, 영원은 그럴만한 가치가 있다. 오늘 우리 마음에 정결한 삶을 살겠다는 헌신이 새겨지길 하나님께 구하라. 그러면 오늘부터 머리를 바로 세우고 시선을 구원의 영광스러운 날에 고정하여 단정히 행하며, 주의를 기울이며 걷게 될 것이다.

 에베소서 6장 10-20절

12월 7일
하나님과 동행하기

> "므두셀라를 낳은 후
> 삼백 년을 하나님과 동행하며 자녀들을 낳았으며…
> 에녹이 하나님과 동행하더니
> 하나님이 그를 데려가시므로 세상에 있지 아니하였더라"
>
> (창 5:22, 24)

진정한 신앙은 결코 일시적이지 않다. 단호한 행동이면서 지속적인 태도다.

에녹은 "하나님과 동행"했다고 전해진다. 하지만 항상 그런 것은 아니었다. 창세기 5장을 보면 분명 에녹의 인생에서 믿음이 시작되었던 때가 있었다. "므두셀라를 낳은 후 삼백 년을 하나님과 동행하며"라고 말하기 때문이다. 아마도 에녹은 그의 인생을 바꿔놓는 여러 경험과 부모가 된 책임감 등의 어려움을 통해 자신의 부족함을 느꼈을 것이다. 이유가 무엇이었든 그의 삶에서 자신을 믿고 의지하기를 멈추고, 하나님을 신뢰하고 믿기 시작한 순간이 왔다.

에녹의 믿음은 신중한 선택이었을 뿐 아니라 지속적인 관계였다. 믿음은 단호한 행동으로 시작되고 지속된다. 에녹은 "세상에 있지 아니"할 때까지 "하나님과 동행"했다. 그리고 이러한 끈기 있는 믿음의 결과로 그는 하나님께 데려감을 받았다. 그는 죽음을 맛보지 않았다.

이러한 에녹의 독특한 인생의 마지막을 보면서, 우리는 예수 그리스도께서 다시 오실 때 모든 믿는 자가 경험하게 될 몸의 '영화'(glorification)를 기대하게 된다. 바울은 이렇게 설명한다. "나팔 소리가 나매 죽은 자들이 썩지 아니할 것으로 다시 살아나고 우리도 변화되리라 이 썩을 것이 반드시 썩지 아니할 것을 입겠고 이 죽을 것이 죽지 아니함을 입으리로다"(고전 15:52-53). 우리 인생의 모든 국면이 하나님의 통치와 제한 아래 있음을 믿으며 하나님과 동행하다가 영원한 미래에 합류할 그날, 우리의 몸과 환경은 바뀌겠지만 하나님과의 사귐은 바뀌지 않을 것이다.

에녹은 하나님과 지속적으로 관계를 맺었기 때문에 하나님의 임재를 영원히 누릴 수 있었다. 우리가 하나님을 예배하며 영원을 보내려 한다면, 이 땅에서 그분을 예배하는 것은 영원히 끝나지 않을 그 일을 시작하는 것일 뿐이다. 우리가 하나님과 사귀며 하나님을 경외하면서 영원을 보내려고 한다면 이 땅에서의 우리의 경험은 그곳에서 일어날 일의 준비여야 한다. 그러므로 오늘 그분과 동행하라. 그분의 임재에 깨어있으라. 그분의 은혜와 능력을 의지하라. 그분의 용서를 속히 구하라. 그분의 인도하심에 민감하라. 그분의 얼굴을 직접 보는 그날이 될 때까지 오늘 그분과 동행하라.

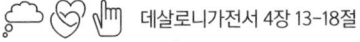 데살로니가전서 4장 13-18절

12월 8일
만족 안에서 자라가기

"나는 비천에 처할 줄도 알고
풍부에 처할 줄도 알아
모든 일 곧 배부름과 배고픔과
풍부와 궁핍에도 처할 줄 아는 일체의 비결을 배웠노라"

(빌 4:12)

만족이라는 주제가 어려운 것은 비단 우리 시대만이 아니다. 17세기에도 만족이라는 주제는 여전히 다루기 힘든 문제였다. 그래서 청교도인 제러마이어 버로스(Jeremiah Burroughs)는 만족이라는 하나의 주제로 『만족, 그리스도인의 귀한 보물』(The Rare Jewel of Christian Contentment)이라는 책을 썼다. 이 책은 기독교 고전으로 남아있는데, 오늘날 대부분의 책장에는 꽂혀있지 않다. 오히려 '소유의 풍부함'이나 '욕구의 탐닉' 같은 세상적인 관심에 의존하며 만족을 누리도록 상상력을 자극하는 제목들이 주로 보인다.

솔직히 말하면 우리는 너무나 쉽게 탐심이라는 조류에 휩쓸리고, 상황만 보며 불만족스러워한다는 것을 인정할 수밖에 없다. 어린아이처럼 자기가 받은 것에 불만을 품거나, 다른 친구가 더 많이 가졌다고 실망한다. 그래서 자신의 상황을 경제적으로, 사회적으로, 혹은 물리적으로 '고칠' 수만 있다면 뭐든 하려고 한다.

우리는 '자기 부인'이나 '방종', 이 둘 중 하나가 탐심에 대한 답이라고 믿기 쉽다. 그래서 잘못된 겸손으로, "나는 캐시미어 스웨터에는 관심이 없고 피부 발진을 일으키는 형편없는 싸구려 스웨터에만 관심이 있다"라고 말할 수 있다. 하지만 이는 자신만의 잘못된 거룩함의 개념이며, 교만만 키우게 될 뿐이다. 반대로, 더 많은 것을 바라는 자신의 욕망을 채우기 위해 모든 스웨터를 다 사버릴 수도 있다.

그러나 이러한 두 가지 접근은 모두 주님께 영광이 되지 못한다. 주님께 영광이 되는 방식은 우리의 즐거움을 위해 우리에게 선물을 풍성히 주시는 그분을 소망하는 것이다. 물론 우리 그리스도인은 물질적인 풍요에 소망을 두지는 않는다. 그러나 우리는 하나님에게서 오는 모든 선물이 하나님의 은혜로운 공급하심의 결과이며, 그분께 받은 것을 말씀 안에서 그분이 우리에게 원하시는 방식으로 누림으로써 그분을 영화롭게 한다는 것을 안다. 우리는 사물을 마음껏 즐길 수 있다. 하지만 그것을 신으로 삼고 마치 그것이 우리의 필요를 채우고 갈증을 해소해주는 것처럼 좇고 섬기려 해서는 안 된다. 만족이란 다른 어떤 것이 아닌 그리스도께서 주이심을 기억할 때 생긴다.

이는 저절로 얻어지지 않는다. 바울과 마찬가지로 우리도 믿음이 성장해 가면서 그것을 배워야 한다. 우울한 날의 태도든, 승진에서 떨어졌을 때의 반응이든, 어떤 것이든 우리가 질문해야 하는 것은 늘 이와 같다. 즉 "주님으로 인해 지금 이 상황에서도 만족할 수 있는 '그리스도의 온전한 충족성'(Christ's all-sufficiency)이란 무엇인가?" 만족이란 우리가 찾아야 할 값비싼 보석이다.

 시편 16편

12월 9일

내면의 일

"오직 각 사람이 시험을 받는 것은
자기 욕심에 끌려 미혹됨이니
욕심이 잉태한즉 죄를 낳고
죄가 장성한즉 사망을 낳느니라"

(약 1:14-15)

　모든 죄는 내면의 일이다. 하나님의 형상으로 지음받은 피조물인 우리에게는 온갖 욕망이 있는데, 이 욕망이 꼭 나쁜 것은 아니다. 하지만 타락으로 인해 우리의 모든 갈망은 놀랍도록 악한 잠재력을 갖게 되었다. 심지어 하나님이 주신 욕망도 왜곡되어 악하게 사용될 수 있다.

　우리는 악으로 향하는 우리의 성향을 사탄 혹은 다른 사람 탓으로 돌리거나 유전과 환경 탓으로 돌리는 데 선수다. 하지만 성경은 우리가 자기 욕심에 끌려 미혹되는 것이라고 말한다. 하나님께 불순종하고 자신의 욕망을 만족시키려는 유혹은, 그 욕망이 악한 것이든 왜곡된 것이든 모두 자신의 내면에서 나온다.

　사탄이 유혹할 수는 있지만 불순종하기로 결심하는 것은 우리 자신이다. 예수님은 이에 대해 분명하게 말씀하셨다. "사람에게서 나오는 그것이 사람을 더럽게 하느니라"(막 7:20). 모든 유혹은 자기 욕심에 이끌려 미혹될 때 찾아온다. 그리고 유혹에 굴복하면 결국 죽음에 이르게 된다.

　유혹의 끌어당기는 힘은 물고기의 어리석은 모습에서 분명하게 볼 수 있다. 물고기들은 빛이 나고 반짝거리는 미끼를 보고 그 미끼를 향해 간다. 그리고 걸려든다! 그 미끼가 매력적이고 그럴듯할수록 물고기는 그 낚싯바늘을 무시할 수 없다.

우리는 정말 물고기보다 더 똑똑할까? 미끼가 그럴듯해 보이면 우리는 거기에 낚싯바늘이 없다고 스스로 설득하려 한다. 하지만 낚싯바늘은 거기 있다. "죄가 장성한즉 사망을 낳느니라." 죄의 길은 심판의 종착지로 이어지고, 그 길로 가다 보면 우리 삶에는 시간이 결코 지울 수 없는 흔적들이 남는다(그런데도 하나님은 그분의 자비하심으로 이런 우리도 구원하실 수 있다).

우리가 이 땅에 사는 한, 우리는 결코 유혹에서 벗어나지 못한다. 창세기에서 하나님은 가인에게 이렇게 경고하신다. "죄가 문에 엎드려 있느니라 죄가 너를 원하나 너는 죄를 다스릴지니라"(창 4:7). 죄는 항상 우리 안에서 우리를 덮치려고 기다리고 있다.

그러니 덮칠 준비를 하고 웅크리고 있는 모든 죄를 처리하기로 결단하라. 이것은 매일의 싸움이다. 오늘, 자신의 눈이 허탄한 것을 보도록 허락하지 말라. 자신의 마음이 그리스도로부터 멀어지게 하는 것들을 생각하거나 갈망하도록 허락하지 말라. 어떻게 그렇게 할 수 있는가? 자신의 욕망에 대해 이렇게 질문하기를 배운다면 가능하다. "이것은 내가 키워야 할 거룩한 욕망인가, 아니면 맞서 싸워야 할 악한 욕망인가?" 그리고 하나님의 전신갑주 입는 법을 배우라. "모든 것 위에 믿음의 방패를 가지고 이로써 능히 악한 자의 모든 불화살을 소멸하고"(엡 6:16). 넘어졌다가도 다시 일어나 용서를 구하는 힘은, 하나님의 아들을 우리의 통치자요 구원자로 믿을 때만 가능하기 때문이다.

 고린도전서 10장 1-13절

12월 10일
선한 일에 지치지 말라

"우리가 선을 행하되 낙심하지 말지니
포기하지 아니하면 때가 이르매 거두리라"

(갈 6:9)

만약 당신이 나와 비슷하다면, 학창 시절에 숙제만 봐도 절망적인 마음이 들던 과목이 하나쯤은 있었을 것이다. 그 과목 선생님이 당신을 실패자로 낙인찍었을 거라고 느꼈을지도 모른다. 그런 환경에서는 배우기가 몹시 어렵다. 존 칼빈(John Calvin)은 이와 비슷한 내용을 기록했다. "희망이 없는 자로 여겨진다고 느끼는 것이야말로 진리에 참여할 수 없게 하는 가장 큰 방해요소다."[3]

그리스도인으로 살아가면서 우리는 낙담을 경험하기 쉽다. 선을 행하다가 낙심하는 것이다. 하나님의 백성의 필요를 채우려고 열심히 헌신했지만 그 결과가 별로 신통치 않다거나, 죄를 이기고 거룩함으로 자라가는 일에 있어 계속 실패를 경험하다 보면 낙담에 빠질 수 있다. 그러나 우리는 그 일을 붙들어야 한다! 그리스도인으로 살아가면서 주님께 순종하다 보면 하나님께서 우리 안에서 일하시며 우리를 변화시키고 성장시키신다(빌 2:12-13). 요한은 당시 신자들에게 그리스도를 믿는 그들의 믿음을 확신시키며 이렇게 말했다. "우리는 **형제를 사랑함으로** 사망에서 옮겨 생명으로 들어간 줄을 알거니와"(요일 3:14, 강조는 저자 추가). 우리 중 얼마나 많은 사람이 이런 결론을 낼 수 있을까? 하지만 예수님의 결론도 이와 같다. "너희가 서로 사랑하면 이로써 모든 사람이 너희가 내 제자인 줄 알리라"(요 13:35).

그러니 포기하지 말라. 사도 바울이 데살로니가 교인들에게 편지를 썼을 때, 그는 그들이 본을 보인 "믿음의 역사와 사랑의 수고와 우리 주 예수 그리스도에 대한 소망의 인내"(살전 1:3)를 알아보았다. 데살로니가 교회가 그렇게 했다면 우리도 그렇게 할 수 있다. 우리 믿음의 표현도 그들과 마찬가지로 실제적이고 가시적이고 지속적일 수 있다. 그들은 잠깐 열심을 내다가 금방 시들어버리지 않았다. 그들이 보여준 그리스도인의 사랑은 시간이 지나도 한결같았다.

선을 행하는 것은 피곤한 일이지만, 지치지 않도록 주의해야 한다. 왜냐하면 언젠가 영광의 왕이 의인들에게 이렇게 말씀하실 것이기 때문이다. "너희가 여기 내 형제 중에 지극히 작은 자 하나에게 한 것이 곧 내게 한 것이니라"(마 25:40). 그때까지 우리는 흔들림 없는 소망으로 그리스도께 순종하고 그분을 섬기는 특권을 누릴 수 있다. 그러니 방황하는 자, 이방인, 고통에 갇힌 자, 과부, 궁핍한 자들에게 어떤 방법으로 그리스도인의 사랑을 가시적으로 보여주겠는가? 하나님의 일에 참여하고 선을 행하게 하시기를, 다시 시작할 힘과 목적을 주시기를 하나님께 구하겠는가?

 사도행전 6장 1-7절

12월 11일
하나님의 말씀 아래서 자라가기

"…너희가 회개하여
각각 예수 그리스도의 이름으로 세례를 받고
죄 사함을 받으라"
(행 2:38)

어느 정도 신앙생활을 해온 사람이라면, 교회에서나 개인적으로 하나님의 말씀을 공부할 때 마지못해 하기 쉽다는 것을 알아차렸을 것이다. 복음은 너무 간단해 보여서 오히려 놓치는 경우가 많지만, 사실 우리는 연약하기에 복음을 항상 다시 들을 필요가 있다. 처음 믿게 되었던 날처럼 오늘도 같은 복음을 들어야 한다. 우리가 그리스도인으로서 걸어가는 길에 "진리의 말씀 곧 너희[우리]의 구원의 복음"(엡 1:13)은 떼려야 뗄 수 없다. 하나님께서 이 둘을 서로 연결해 놓으셨기 때문이다. 하나님의 영은 하나님의 백성을 지탱하기 위해 하나님의 말씀을 통해 일하신다.

그래서 베드로가 오순절에 성령을 받은 후 제일 먼저 한 일이, 일어서서 긴 설교를 한 것이었다. 그때 더 많은 사람이 하나님의 말씀을 듣게 되었고, 그들은 개인적으로 성장했을 뿐 아니라 교회로도 성장했다(행 2장). 이와 반대로 하나님의 말씀이 들리지 않을 때 교회는 성장하지 않는다. 왜 그런가? 성령님은 말씀이 들릴 때 일하시고, 말씀은 성령님이 일하실 때 들리기 때문이다. 사도행전 2장의 설교가 성경에 기록된 것은 당시 사람들이 어떻게 믿음을 갖게 되었는지 보여주려는 목적도 있지만, 다른 한편으로는 우리의 믿음을 강화하고 격려하기 위해서다.

성령님께서 일하실 때 말씀이 무슨 일을 하는지 보라. 베드로가 그날 설교

했을 때, 듣는 자들은 "마음에 찔려 베드로와 다른 사도들에게 물어 이르되 형제들아 우리가 어찌할꼬"(행 2:37)라고 했다. 다른 말로 하면 '회심'이 일어 났다. 베드로는 다음과 같이 대답했다. "너희가 회개하여 각각 예수 그리스도의 이름으로 세례를 받고 죄 사함을 받으라 그리하면 성령의 선물을 받으리니"(38절). 그리고 그들은 그렇게 했다. 그래서 또한 '헌신'이 있었다. 마지막으로 새로 믿게 된 자들은 사도들의 교리를 듣고 떡을 떼며 기도하기 위해 함께 모였다(42절). 그래서 '공동체'가 형성되었다. 회심, 헌신, 공동체, 이 모두는 성령님의 인도를 받은 설교와 함께 시작되었다!

　믿음 안에서 자라가는 일에는 마음과 지성이 다 포함된다. 우리는 자신을 성경의 가르침 아래 둘 책임이 있다. 성경의 모든 페이지에서 그리스도를 발견하고 그분을 더욱 사랑하게 해달라고 하나님의 영께 구하며 개인적으로 하나님의 말씀을 공부해야 한다. 성경을 읽는 일이나 그리스도인으로 살아가는 일에서 어느새 흉내만 내고 있는 자신을 발견한다면 처음 시작했던 모습으로 돌아가라. 하나님의 말씀 안에서 복음을 읽어내라. 죄를 회개하고 나의 구원자를 믿고 섬기는 일에 헌신하라. 하나님께서 나의 유익을 위해 주신 믿음의 공동체에 깊이 들어가라. 그리고 성령님을 통해 내 안에서 일하시기를 하나님께 구하라. 그래서 예루살렘 교회를 가득 채운 헌신과 흥분이 자신의 경험이 되게 하라.

 사도행전 2장 22-41절

12월 12일
완벽한 정의

"…선을 행함으로 고난을 받고 참으면 이는 하나님 앞에 아름다우니라
이를 위하여 너희가 부르심을 받았으니
그리스도도 너희를 위하여 고난을 받으사
너희에게 본을 끼쳐 그 자취를 따라오게 하려 하셨느니라"

(벧전 2:20-21)

스펄전(C. H. Spurgeon)은 런던의 회중 앞에서 이렇게 말한 적이 있다. "친애하는 성도 여러분, 만약 누군가가 여러분을 모욕할 때 돈을 내게 하거나 함부로 대할 때 똑같이 그렇게 하겠다는 규칙을 세운다면, 우리는 아침에 일어나서 그 결심대로 실천하기 위해 하나님께 도움을 구할 필요가 없을 것입니다."[4] 그가 말하려는 요지는 간단하다. 자신의 체면을 지키고 자기를 반대하는 자들에게 보복하는 일은 결심하지 않아도 저절로 된다는 것이다. 반면에 고통을 참고 심판을 하나님께 맡기는 일은 저절로 되지 않는다.

그러나 책임 있게 심판을 행하는 일은 우리로서는 전적으로 불가능하다. 우리는 반격할 때 얼마나 강하게 쳐야 하는지 잘 모른다. 누군가가 상처 주는 말을 하면, 종종 더 심하게 맞받아치곤 한다. 마음 깊은 곳에서는 증오를 극복할 것이라고 생각하지만, 실제로 악은 더 강화된다. 분명, 악은 벌을 '받아야' 하고, 벌을 '받을' 것이다. 하지만 우리가 벌을 주어서는 안 된다.

오직 하나님만이 심판과 공의에 있어서 완벽하시다. 그분은 모든 잘못을 바로잡으실 것이다. 이 세상에서 본 어떤 보좌보다 더 높은 보좌가 있어 언젠가 그 보좌에서 모든 부패한 사법권과 실패한 심판들, 잘못된 인간 정의가 바로잡힐 것이다.

하지만 이것이 우리 자신의 보복을 위한 은폐물이 되어서는 안 된다. 우리

는 원수의 구원이 아닌 다른 것을 바라서는 안 된다. 우리를 욕하고, 대적하고, 깎아내린 사람들에게 우리가 해야 할 책임은 분명하다. 그들을 축복하고 그들을 위해 기도하는 것이다(마 5:44; 눅 6:28).

예수님은 우리의 본이시다. "욕을 당하시되 맞대어 욕하지 아니하시고 고난을 당하시되 위협하지 아니하시고 오직 공의로 심판하시는 이에게 부탁하시며"(벧전 2:23). 누구도 예수님보다 더 큰 불의를 당하지는 않았을 것이다. 그러므로 우리는 어떤 상황에서도 그분처럼 반응할 수 있어야 한다.

선으로 악을 대하기보다 더 강하게 반격하고 싶은 유혹을 받는 상황은 언제이며 또 누구에게인가? 다음의 세 가지를 행할 때 선을 행하여 하나님을 기쁘시게 하는 데 도움을 얻을 것이다. 첫째, **예수님께 시선을 고정하라.** "아버지 저들을 사하여 주옵소서 자기들이 하는 것을 알지 못함이니이다"(눅 23:34)라고 십자가에서 기도하신 그리스도를 바라보면, 복수를 행하기 어렵다. 둘째, **하나님의 은혜에 감격하라.** 본성상 내가 어떤 존재이지만 은혜로 어떤 존재가 되었는지 기억해보라. 은혜에 감격하고서 다른 사람이 잘못되기를 바라는 것은 불가능하다. 셋째, **영원과 하나님의 더 높은 보좌에 초점을 맞추라.** 이 땅에서 처한 상황은 완벽한 그림이 아니지만 꼭 지금 여기서 정의가 행해지는 것을 볼 필요는 없다. 그러므로 악을 만났을 때도 선을 행하고 인내할 수 있도록 하나님께 도움을 구하라. 하나님은 우리가 하나님이 명령하신 그 일을 온전히 성취하도록 도울 준비를 하고 계시다.

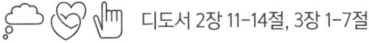 디도서 2장 11-14절, 3장 1-7절

12월 13일
많은 사람의 대속물

"인자가 온 것은 섬김을 받으려 함이 아니라
도리어 섬기려 하고
자기 목숨을 많은 사람의 대속물로 주려 함이니라"

(막 10:45)

나는 청구서 대금 지불하기를 좋아한다. 물론 금액이 너무 크거나 자주 청구될 때는 아니지만, 대금이 완전히 지불된 상태는 참 좋다. 예전에는 직접 계산대에 가서 지불해야 하는 경우가 종종 있었는데, 그럴 때마다 계산원에게 청구서와 돈을 함께 건넨 후 '지불되었음'이라는 도장이 찍힌 영수증을 꼭 받곤 했다.

오늘 본문 말씀에서 예수님은 자신의 죽음을 "많은 사람의 대속물"이라고 언급하신다. 몇몇 구약성경의 구절들을 보면 예수님이 여기서 사용하신 "대속"이라는 말의 맥락을 엿볼 수 있다.

유대 법은 누군가의 황소가 사람을 죽이면 그 황소와 주인이 둘 다 죽음에 처했다. 그러나 그 주인에게 몸값(대속)이 부과된 경우에는 그 돈을 내고 목숨을 건질 수 있었다(출 21:29-30). 다시 말해, 황소의 주인은 얼마의 돈을 내고 자신의 목숨을 살 수 있었다. 친척을 노예 신분에서 해방시키거나 저당 잡힌 밭과 재산을 되찾을 때도 이와 같은 규칙이 적용되었다(참조. 레 25장). 이처럼 누군가를 포로의 상태에서 풀어주기 위해서는 결정적이면서도 값비싼 개입이 포함되는 대속이 필요했다.

구약에서 대속이 필요한 이런 모든 상황은 물질적인 곤경이지만, 여기서 예수님이 말씀하신 것은 도덕적인 곤경이다. 우리는 죄의 노예로 사로잡혀서 하나님께 반역했다. 예수님은 오직 당신의 결정적인 개입(값비싼 대가를 치르고 우리의 목숨을 사는)으로만 우리를 자유롭게 하고 온전하게 할 수 있다고 설명하셨다. 한 찬송가 작사자는 이렇게 말한다. "그분이 내 죄와 내 슬픔을 가져가서 자기 것으로 만드셨네."⁵

그리스도께서는 우리의 대속물이시다. 그분은 "우리를 위하여 저주를 받은 바 되사 율법의 저주에서 우리를 속량하셨으니"(갈 3:13) 이제 우리는 그분을 신뢰할 때 속박에서 벗어날 수 있다. 예수님은 자신의 죽음으로 그분을 믿는 모든 사람이 받아야 할 심판의 문제를 해결하셨다. 예수님이 "다 이루었다"(요 19:30)고 외치셨을 때, 헬라어 '테텔레스타이'(*tetelestai*)라는 단어를 사용하셨는데, 이는 지불이 끝난 영수증에 찍히는 글자다. 하나님 아버지께서는 아들의 부활을 통해 지불이 끝났다는 영수증을 주셨다. 우리에게 청구되기에 마땅하나 우리가 갚기에는 너무나 불리하고 큰 액수인 빚 청구서에 이제 확실하게 '지불되었음' 도장이 찍혔다.

때때로 사탄이 우리를 대적하거나, 우리 자신의 마음이 우리를 고소하기도 할 것이다. "너 정말 용서받은 거야? 이건 확실히 죄가 너무 크지 않니? 하나님이 정말로 너를 사랑하실까? 정말로 영원히 영광의 자리에 앉게 될까?" 이런 속삭임이 들릴 때마다 그리스도께서 정의의 심판대로 성큼성큼 걸어가서 우리에게 불리한 판결을 다 해결하셨다는 것을 기억하라. 하나님 아버지께서 그분을 죽은 자 가운데서 일으키셨다. 그러므로 하나님은 이런 고발에 대가를 치르라고 다시 요구하지 않으실 것이다. 우리는 이 사실 안에서 온전히 안심할 수 있다. 우리의 빚은 단번에 해결되었다. 우리의 몸값은 지불되었다.

 골로새서 2장 8-15절

12월 14일

자격을 갖춘 구원자

"때가 차매 하나님이 그 아들을 보내사
여자에게서 나게 하시고 율법 아래에 나게 하신 것은
율법 아래에 있는 자들을 속량하시고
우리로 아들의 명분을 얻게 하려 하심이라"

(갈 4:4-5)

한 문화가 어떤 신념을 가졌는지 그 표본을 얻는 가장 좋은 방법은 학생들과 이야기하는 것이다. 예를 들어 예수님이 누구냐는 질문에, 영국에서 자란 아이는 이렇게 대답할 것이다. "그분은 부자에게서 빼앗아 가난한 사람들에게 주시는 분이에요(예수님과 제자들의 모습을 로빈 후드와 그의 추종자들의 모습과 혼동하고 있다)!" 또 기독교는 무엇이냐는 질문을 받으면 이렇게 대답할 것이다. "식물을 직접 길러서 먹는 사람들 아닌가요?"

이맘때면 지난 11개월 동안 하나님에 대해 거의 생각하지 않던 사람들도 예수님의 탄생 이야기를 떠올리게 된다. 우리의 많은 친구와 동료, 친척들은 예수님을 기껏해야 신비한 분 정도로 말할지 모른다. 그들의 이러한 반응은 기독교의 메시지가 우리가 생각하는 것만큼 그들에게 분명하게 전해지지 않았음을 냉정하게 보여주는 것이다. 예수님이 누구신지 다른 사람에게 분명히 말하려면 먼저 우리 마음에 분명하게 와닿아야 한다.

예수님은 유일하게 이 세상의 구원자가 될 자격을 갖춘 분이시기에 종교, 역사, 인류의 다른 인물들 사이에서 단연 두드러지신다. 사도 바울은 그분의 오심을 우연한 개입으로 여기지 않았다. 그것은 신적인 약속이었다. 바울이 "하나님이 그 아들을 보내사"라고 말한 것은, 예수님이 이미 존재하신 상태에서 보내심 받았음을 함축한다. 예수님의 생명은 베들레헴에서 아기의 모습으로 "여자에게서 나"셨을 때 시작된 것이 아니었다. 예수님은 시간이 시작되기 전에 이미 계셨다(요 1:1-3). 그분의 예전 존재 방식(즉, 하나님)을 멈추지 않은 상태에서 예전의 존재 방식이 아닌 모습(즉, 아버지께 완전하고 온전한 순종을 하기 위해 "율법 아래에" 태어난 인간)이 되셨다. 이는 오랜 세월 동안 수많은 인류 중에서 오직 그분만이 성취하신 일이다. 하나님이 구원하신다면 그 구원자는 하나님이셔야 하며, 인간이 자신의 죄 때문에 벌을 받아야 한다면 그 구원자는 인간이어야 한다. 또한 죄의 형벌을 담당하는 그 사람 본인은 죄가 없어야 한다. 그렇다면 예수 그리스도 말고 누가 이런 자격들을 갖추겠는가? 예수님은 하나님의 구원 계획을 성취하기에 가장 합당한 자격을 갖추셨다.

죄의 대가를 지불하는 데
다른 선한 것은 없었다.
오직 그분만이 천국의 문을 열고
우리를 들어가게 하실 수 있었다.⁶

예수님은 누구신가? 그분은 인간으로 태어난 성자 하나님이시다. 그분은 율법을 완벽하게 지키신 분으로서 그 율법을 지키지 못한 사람들을 해방하시려고 죽으셨다. 그리스도인은 어떤 사람인가? 죄의 형벌에서 풀려나 하나님의 가족으로 입양된 사람들이다. 이는 우리가 매일 자신과 다른 사람들에게 들려주어야 할 메시지다. 우리는 이 메시지를 전할 기회를 얻기 위해 기도해야 한다. 이것은 인류 역사상 가장 놀랍고 영광스러운 메시지이기 때문이다.

 갈라디아서 3장 23절-4장 7절

12월 15일
왜 의로운 자가 고난받는가?

> "고난 당하기 전에는 내가 그릇 행하였더니
> 이제는 주의 말씀을 지키나이다…
> 고난 당한 것이 내게 유익이라
> 이로 말미암아 내가 주의 율례들을 배우게 되었나이다"
> (시 119:67, 71)

누군가의 고통을 직접 대면할 때 우리는 '왜 하나님을 믿는다고 고백한 사람들도 고난받아야 하는가?'라는 의문이 들곤 한다. 하나님은 우리를 사랑하시는 게 아닌가? 우리의 고난 속에 있는 하나님의 목적은 무엇인가?

성경이 말하는 고통과 고난에는 '하나님은 선하고 전능하시며 자기 백성을 택하여 그들이 하나님 아들의 형상을 닮아가게 하시고 그들을 안전하게 영광 가운데 이끄시려는 영원한 목적을 가지고 계신다'는 대전제가 있다(딛 2:14; 롬 8:29; 딤후 4:18). 하나님은 이런 목적을 성취하기 위해(일시적인 슬픔을 허락해서라도) 무슨 일이든 하실 것이다. 우리가 고통에서 얻을 수 있는 몇 가지가 있다.

- **고통은 공통성(commonality)을 가져다준다.** 대부분의 고통은 타락하고 불완전한 세상에서 살아가는 삶의 실제적인 현실이다. 우리는 모두 고통과 질병과 슬픔을 경험한다. 의로운 자와 불의한 자가 다 같이 햇빛을 받고 비를 맞는다(마 5:45). 의로운 자와 불의한 자가 다 같이 고통의 영향을 받으며 산다.
- **고통은 잘못을 바로잡는다.** 아버지가 자녀에게 옳은 일을 하게 하려고 훈육하듯이, 하나님은 때로 우리가 길을 잃고 방황할 때 고통을 사용해 옳은 길로 돌아오게 하신다(히 12:5-13).

- **고통은 건설적이다.** 고통은 우리를 바르게 할 뿐 아니라 인격을 성장시킨다(약 1:2-5). 어떤 사람을 보며 '저 사람은 어떻게 저렇게 희망적이지? 어떻게 이렇게 내 상처를 잘 공감해주지?'라고 생각해본 적 있는가? 그것은 그들이 고통을 통과하며 성장했고 그 고통을 통해 다른 사람을 돌보는 법을 배웠기 때문이다.
- **고통은 영화롭게 한다.** 하나님은 항상 고난을 통해 하나님의 영광이 드러나게 하신다(수년, 수십 년 혹은 수 세대가 지난 후일 수도 있지만). 요한복음 9장에 나오는 눈먼 사람의 경우처럼 하나님은 고통과 실망으로 가득 찬 인생을 사용하셔서 하나님의 능력이 기적적으로 드러나게 하신다. 그러니 왜 어려운 경험을 하는지 당시에는 잘 모르더라도 인생의 여정을 살아가다 보면 언젠가 깨달을 날이 올 것이다. '아, 그래서 내가 그런 고통을 당했구나. 하나님이 영광 받으시는 바로 이 순간을 위해서였구나.'
- **고통은 우주적이다.** 모든 고통이 다 위대한 영적 드라마의 일부는 아니지만, 어떤 고통은 분명히 그렇다. 아마도 욥의 예가 가장 적절할 것이다. 하나님은 욥을 통해, 사람이 무언가를 얻기 위해서가 아니라 하나님을 있는 그대로 사랑하고 신뢰할 수 있음을 사탄에게 보여주시고자 했다(욥 1장).

진실은 우리가 살면서 고통받을 것이라는 사실이다. 하지만 소망 없이 고통받을 필요는 없다. 우리는 고통을 통해 하나님의 더 위대한 목적을 기억할 수 있다. 우리가 궁극적으로 해야 할 질문은 "왜?"가 아니라 "나는 ~할 것인가?"이다. 나는 하나님의 약속을 믿을 것인가? 나는 하나님의 목적을 붙들 것인가? 나는 그분을 신뢰할 것인가?

 욥기 1장

12월 16일
위대한 자비

"우리도 전에는 어리석은 자요 순종하지 아니한 자요 속은 자요 여러 가지 정욕과 행락에
종 노릇 한 자요 악독과 투기를 일삼은 자요 가증스러운 자요 피차 미워한 자였으나
우리 구주 하나님의 자비와 사람 사랑하심이 나타날 때에 우리를 구원하시되
우리가 행한 바 의로운 행위로 말미암지 아니하고
오직 그의 긍휼하심을 따라 중생의 씻음과 성령의 새롭게 하심으로 하셨나니"(딛 3:3-5)

집에 불이 나지 않았다면 소방관을 부를 필요가 없다. 마찬가지로 완벽하게 건강한데 의사에게 링거를 놔달라고 하지는 않는다. 그것은 쓸데없는 일이다! 이와 비슷하게, 우리가 진심으로 용서의 필요성을 깨닫기 전까지 하나님의 자비와 은혜의 이야기는 우리에게 큰 의미를 주지 못한다. 나와는 별 상관이 없다고 생각한다.

때때로 우리는 주위를 둘러보면서 다른 사람들에게 용서가 절실히 필요하다고 느낀다. 그러면서 정작 자신에게도 용서가 필요하다는 사실에는 눈을 감는 죄를 짓는다. 우리는 '감사하게도 나는 저들과 달라'라고 생각한다. 하지만 하나님의 은혜로 '나 자신에게는 사랑이 없고, 하지 말아야 할 말과 행동을 했으며, 해야 할 일은 하지 않았다'는 사실을 깨닫는다. 이런 회심의 순간에 우리는 자신에게도 용서가 필요하다는 사실을 절감하고, 우리가 공격했던 사람들에게 용서받을 때 감사하게 된다.

죄를 인식하는 일은 고통스럽지만, 이런 고통이 없이는 용서받는 모든 유익을 누릴 수 없다. 먼저 자신을 바로 볼 수 있어야 한다. 우리는 본성상 잃어버린 양이고, 하나님을 대적하는 자이며, 채워져야 할 빈 그릇이다. 아무리 오랫동안 그리스도인으로 살았고 성령님께서 아무리 우리의 삶을 많이 변화시키셨다 해도 우리의 악한 본성은 피할 수 없다. 그러므로 우리는 언제나 은

혜가 필요하다는 사실을 인정해야 한다. 완벽한 구세주께서 우리 대신 죽으셨고 우리의 모든 빚을 갚으셔서 우리가 하나님의 용서를 받게 되었다는 사실에 감격하며 경배하기 위해서는, 먼저 우리가 죄로 인해 어떤 대가를 치러야 하는 존재인지 깨달아야 한다.

우리에게 가장 필요한 것은 믿음과 회개 안에서 끊임없이 그리스도께로 돌아가는 것이다. 우리의 영적 여정이 어디쯤이든 하나님께서 우리 자신과 우리 구원자에 대한 진리를 보여주시기를 늘 기도해야 한다. 그래야 우리가 어떤 대가를 치렀어야 했는지 더 깊이 인식하고 우리의 구원자를 더욱더 사랑할 것이다. 하나님의 사랑과 예수님이 우리를 위해 행하신 모든 일에 경외심을 가질 것이다.

그러니 잠시 멈추고 하나님께 "저를 보여주세요"라고 구하라. 자신의 죄를 깊이 들여다보고 "제 구원자를 보여주세요"라고 하라. 그리고 그분의 실재하는 자비와 기쁨을 누리라. 그러면 나를 구원하신 그분의 자비와 사랑에 감격하여 이렇게 기쁘게 노래할 것이다.

> 위대한 자비가 있었고 값없는 은혜가 있었네.
> 내게 임한 지극히 큰 용서.
> 무거운 짐 진 내 영혼은
> 갈보리에서 자유를 찾았네.7

 에베소서 2장 1-10절

12월 17일
꼭 필요한 시련

"…우리가 환난 중에도 즐거워하나니
이는 환난은 인내를, 인내는 연단을,
연단은 소망을 이루는 줄 앎이로다"
(롬 5:3-4)

어떤 경험의 영역이든 가장 중요한 것은 관점이다. 미술에서는 이미지를 만드는 데 원근법이 도움이 된다. 원근법이 있어야 컵은 비워진 것처럼 보이고, 의자는 공중에 뜬 게 아니라 바닥에 딱 붙어있는 것처럼 보인다. 이처럼 삶의 시련에서도 바른 반응을 하려면 바른 관점이 요구된다. 시련에 대한 바른 생각이 없이는 바르게 반응할 수 없다.

시련은 예수님만이 소망이시라는 우리의 믿음을 시험하는 수단이다. 시련은 우리가 고백하는 믿음이 진짜인지 가짜인지 알려준다. 모든 일이 순조로울 때는 확신을 갖기 쉽다. 하지만 바퀴가 떨어져 나갈 때(가정이 흔들리고 몸과 마음에 이상이 생기고 삶의 희망이 무너질 때) 우리의 믿음이 진짜인지 아닌지 비로소 알게 된다. 그리고 그 믿음이 진짜라는 것이 증명될 때는 기쁨이 있다. 그런 믿음은 "불로 연단하여도 없어질 금보다 더 귀하"기 때문이다(벧전 1:7).

시련은 또한 우리 믿음의 성장을 측정(정체되어 있는지 성장하고 있는지)해준다. 실망스럽고 가슴 아픈 상황에서 전에 하지 못했던 방식으로 하나님의 말씀을 실천하고, 전에는 미처 몰랐던 그리스도의 진가를 배우게 되는 것처럼, 시련을 통해 우리의 믿음은 더 커지고 성장한다. 한 작가는 이렇게 표현했다. "환난의 바람은 오류와 위선과 의심이라는 껍질들을 다 날려버리고 진짜 중요한 인격이라는 알곡만 남게 한다."[8]

시련은 또한 지구력을 키워준다. 그리스도인의 삶은 몇백 미터를 뛰는 단거리 경기가 아니다. 인생을 걸고 뛰는 크로스컨트리 경주다. 마라톤 선수들은 뛰면서 어려움과 탈진을 경험하지만 계속해서 뛴다. 그들은 뛰면서 느끼는 괴로움을 이상하게 여기지 않는다. 당연하게 여긴다. 하지만 그들은 그 어려움 뒤에 결승선이 있다는 것을 안다. 우리가 걸어가는 길에서 마주치는 시련도 이와 같다. 우리는 이런 시련을 통해 영적 경주에 필요한 인내를 기르게 된다.

부드러운 눈과 따스한 마음을 가진 그리스도인들을 유심히 보라. 그들이 많은 시련을 넘어오면서 그러한 사랑의 경지에 다다랐음을 분명히 알게 될 것이다. 노력 없이 결과만 원하기는 쉽지만, 그렇게 되지 않는다. 하나님은 고통이라는 토양에서 우리의 믿음을 자라게 하신다.

자신에게 질문해 보라. "나는 이것을 믿는가?" 그렇다면 인생의 어려움을 바라보는 관점과 반응은 놀랍도록 변할 것이다. 시련으로 인해 여전히 고통과 두려움과 불확실함이 가득할지 모르지만 그럼에도 그것을 기쁘게 받아들일 수 있을 것이다. 시련을 통해 나의 영적 인내심이 자라고 있으며 결승선에 도달할 능력이 향상되고 있음을 알기 때문이다.

 베드로전서 1장 3-9절

12월 18일
그의 말을 들으라

"베드로가 예수께 고하되 랍비여 우리가 여기 있는 것이 좋사오니 우리가 초막 셋을 짓되
하나는 주를 위하여, 하나는 모세를 위하여, 하나는 엘리야를 위하여 하사이다 하니
이는 그들이 몹시 무서워하므로 그가 무슨 말을 할지 알지 못함이더라
마침 구름이 와서 그들을 덮으며 구름 속에서 소리가 나되
이는 내 사랑하는 아들이니 너희는 그의 말을 들으라 하는지라"(막 9:5-7)

베드로는 예수님의 변화산 사건이 있기 며칠 전부터 롤러코스터를 타는 것 같은 시간을 보냈다. 한번은 "주는 그리스도시요 살아 계신 하나님의 아들이시니이다"(마 16:16)라고 선언했다가, 다음에는 예수님께 "사탄아 내 뒤로 물러 가라 너는 나를 넘어지게 하는 자로다 네가 하나님의 일을 생각하지 아니하고 도리어 사람의 일을 생각하는도다"(23절)라는 질책을 받았다. 베드로는 자신을 불러 사람을 낚는 어부가 되게 하신 그분의 진정한 정체성을 선포하는 최고의 수준까지 올라갔다. 그러나 다음 순간, 살아계신 하나님의 아들로부터 '악한 자에게 영향을 받는 사람이자 하나님 아들의 사명에 방해가 되는 자'라는 말을 듣는 데까지 추락했다. 그는 나중에 이보다 더 깊이 추락하기도 하지만 결국엔 더 높이 올라간다(마 26:69-75; 행 4:5-20). 만약 그리스도인으로 살아가면서 올라갔다 내려갔다를 경험하고 있다면, 사도 베드로의 예를 보며 용기를 내기 바란다.

마태복음 17장에서 베드로는, 산 위에서 갑자기 빛나는 형상으로 변화하신 예수님께서 엘리야와 모세와 함께 대화하시는 모습을 보게 된다. 베드로는 "무슨 말을 할지 알지 못"했는데 그와 두 제자가 "몹시 무서워"했기 때문이었다(막 9:6). 그는 자기가 무슨 말을 하는지 알지 못했지만(눅 9:33), 그렇다고 가만히 있지는 않았다!

베드로는 예수님의 모습에서 풍기는 위엄에 압도당했다. 그는 주님과 이 두 위대한 구약의 예언자들을 위해 초막을 짓겠다고 제안했는데, 그때 갑자기 예수님이 세례받으시던 때처럼 하늘로부터 소리가 나서 그가 어떻게 해야 하는지 알려주셨다(그가 본 광경에 대한 합당한 반응을 알려주었다). "그만 됐다, 베드로야! 이제 예수의 말을 들어라. 이는 내가 사랑하는 내 아들이다. 그의 말을 들어라."

이 요청은 하나님께서 언제 어디서나 모든 사람에게 항상 지속적으로 하시는 것이다. 베드로가 변화산에서 이 말씀을 들은 것과 마찬가지로, 지금도 하나님의 말씀은 성경을 통해 살아서 우리에게 선포된다. 베드로, 야고보, 요한 사도가 예수님의 영광을 미리 경험하고 그 위엄을 맛볼 수 있었던 것처럼, 우리도 성경을 읽을 때 성령님의 역사로 같은 경험을 할 수 있다.

그리스도인으로 살아가면서 우리도 베드로처럼 "굴곡이 많을 수 있다.… 오늘은 깊은 심연으로 내려갔다가 내일은 끝없이 높이 오를 수도 있다."⁹ 하지만 언제나 살아있고 활력이 있는 영원한 하나님의 말씀이 우리 삶에 선포될 때, 우리는 하나님의 사랑하는 아들, 항상 아버지를 기쁘시게 하고 아버지를 우리에게 보여주시려고 오신 예수님께로 다시 방향을 돌리게 된다. 문제는 이것이다. 우리가 그분의 말을 들을 것인가?

 베드로후서 1장 16-21절

12월 19일
미래의 영광

"믿음으로 요셉은 임종시에
이스라엘 자손들이 떠날 것을 말하고
또 자기 뼈를 위하여 명하였으며"

(히 11:22)

창세기는 요셉의 죽음으로 끝나지만 그것이 이야기의 끝은 아니다. 오히려 하나님이 공급하시고 구원하시는 이야기의 시작이며, 이것은 나머지 성경 전체와 오늘날 우리의 삶을 통해 계속된다.

요셉은 죽은 후 자신의 유골에 대해 많은 신경을 썼다. 이는 어떤 병적인 관심 때문이 아니라 과거에 하나님이 공급하셨다는 징표와 미래의 구원에 대한 약속으로 삼기 위해서였다. 요셉의 뼈는 이스라엘의 미래 세대에게 아직 성취되지 않은 하나님 약속을 보여주는 것이었다.

요셉의 특별한 시련과 사건들(형들에게 배신당하고, 보디발의 아내에게 거짓으로 고발당하고, 바로의 총애를 받고, 애굽의 왕실에 들어가고, 가족과 다시 상봉하는 등)에도 불구하고, 히브리서 기자는 이런 일들에 초점을 맞추지 않고 오히려 앞으로 다가올 일에 대한 요셉의 믿음에 초점을 맞춘다. 왜일까? 그것이 경이로울 만큼 너무나 중요하기 때문이다.

요셉은 자기 가족이 애굽에 너무 깊게 뿌리내리기를 원하지 않았다. 그는 약속의 땅이 기다리고 있음을 알았다. 그래서 화려한 장례식 대신 자기 시체를 방부 처리해서 관에 넣고 애굽을 떠날 때 가져가라고 요청했다(창 50:22-26). 왜일까? 그는 자신의 뼈가 묻히는 것을 원하지 않았다. 그는 약속의 땅으로 떠날 때 자신의 시체도 함께 옮겨지기를 원했다. 요셉은 그 관이 약속의 땅에 대한 소망은 하나님이 하신 다른 약속만큼 확실하다는 사실을 기억하는 도구임을 알았다. 그는 점점 늘어가는 자기 가족의 미래 세대에 어려움이 닥쳐올 때(그들에게 반드시 어려운 날이 올 것을 그는 알았다) 그들이 하나님의 약속을 볼 수 있기를 원했다. 그들은 요셉의 관을 보고 늘 떠날 준비를 하면서 이렇게 말했을 것이다. "요셉은 우리가 떠날 것을 알고 있었어요. 그가 확신하지 않았다면 자기 뼈를 이렇게 운반하게 하지는 않았을 거예요."

오늘 우리에게 요셉의 뼈가 들어있는 관은 없지만 그 대신, 하나님이 과거에 공급하신 것과 미래에 약속하신 소망을 생각나게 하는 빈 무덤이 있다. 그리스도께서는 "과거의 우리 도움이시고 다가올 날들의 소망이시다." 그분은 "우리의 영원한 집"이시다.¹⁰ 그분 때문에 우리는 어려운 시기를 통과할 수 있고, 인생의 마지막 날에 우리의 위대한 약속의 땅인 천국을 확실히 소망하며 죽을 수 있다.

 누가복음 23장 32-43절

12월 20일
고백과 안도감

"…다윗이 사람을 보내 그를 왕궁으로 데려오니
그가 그의 아내가 되어 그에게 아들을 낳으니라
다윗이 행한 그 일이 여호와 보시기에 악하였더라…
여호와께서 나단을 다윗에게 보내시니…"
(삼하 11:27; 12:1)

우리가 자신의 죄를 숨기려는 시도를 멈추면 하나님은 기꺼이 그 죄를 덮어주실 것이다. 다윗이 밧세바와 지은 간음죄(혹은 강간에 더 가까운 행위)는 그것을 숨기려다가 오히려 더 악화되었다. 다윗은 그 죄를 숨기려고 그녀의 남편 우리야를 죽일 계획을 세웠다. 그 계획은 꽤 잘 통하는 것 같았다. 다윗은 밧세바와 결혼했고, 그보다 더 똑똑한 사람은 없는 듯했다. 기만과 침묵의 시간이 이어졌다. 다윗은 그 죄를 잘 숨겼다고 생각했다. 죄는 종종 우리가 그렇게 생각하도록 속인다. 하지만 다른 사람들이 우리를 생각하는 것과 하나님이 우리에게 말씀하시는 것은 매우 다를 때가 많다.

하나님은 다른 사람이 알지 못하는 것을 아신다. 하나님은 다윗에게 한 선지자를 보내셨다. 그런데 나단 선지자는 곧바로 직설적으로 다윗을 정죄하지는 않았다. 그는 짐승을 많이 가진 부유한 한 사람이 양 한 마리밖에 없는 가난한 자의 양을 불의하게 빼앗은 이야기를 다윗에게 들려주었다. 그러자 다윗은 억울한 일을 당한 그 사람을 동정하며 부자의 행동에 분노했다. 그때 나단 선지자가 급소를 찌르는 말을 전했다. "당신이 그 사람이라"(삼하 12:7).

"여호와께서 나단을 다윗에게 보내시니"라는 이 네 마디는 정말 놀라운 은혜의 말이다! 여호와 하나님은 그의 종 다윗이 자신의 죄에 편안하게 안주하는 것을 허락하지 않으셨다. 다윗이 자신의 죄를 직면하는 것은 불쾌하고 어려운 일이었지만, 하나님께서 선지자를 다윗에게 보내신 것은 그를 사랑하셨기 때문이다. 다윗은 자격이 없었지만 하나님이 기회를 허락하셨고, 다윗은 겸손과 회개로 응답했다. 하나님이 개입하셨고 다윗이 고백했기 때문에, 이 이야기는 절망과 죄책감이 아닌 구원과 은혜로 끝날 수 있었다(참조. 시편 32:5-6). 데릭 키드너(Derek Kidner)는 이렇게 말한다. "시인할 때 느끼는 안도감, 그리고 거기서 만나게 되는 은총은… 그 무엇보다 가치 있는 일이다."[11]

이것은 우리에게도 사실이다. 우리가 자신의 죄를 덮으려는 시도를 그만두면 자신의 평판이 바닥을 칠까 봐 두려울 것이다. 하지만 우리의 삶에 부도덕이 틈타도록 허용한다면, 이 감시하는 세상의 눈으로부터 얼마나 잘 감추느냐는 문제가 되지 않는다. 궁극적으로, 감시하는 세상은 아무 상관이 없다. 하나님은 우리의 마음을 알고 계신다. 하나님이 우리를 추적하셔서 우리가 불순종과 반역 안에 편안하게 머물지 못하게 하시는 것은 하나님의 신실하심 때문이다. 우리에게 나단 같은 선지자를 보내지는 않으시겠지만, 우리 앞에는 하나님의 말씀이 열려 있다. "하나님의 말씀은 살아 있고 활력이 있어 좌우에 날선 어떤 검보다도 예리하여… 마음의 생각과 뜻을 판단하나니 지으신 것이 하나도 그 앞에 나타나지 않음이 없고"(히 4:12-13). 이 말씀을 기록한 사람과 읽는 사람을 포함한 모든 피조물이 말씀 앞에 선다. 하나님이 우리 죄를 드러내시는 것은 우리가 그것을 하나님께 가지고 나와서 하나님 아들의 피로 덮게 하기 위해서다.

지금 하나님께서 지목하시는 죄가 무엇인가? 그것을 변명하거나 합리화하거나 숨기려고 하는가? 이제는 시인하고, 숨기려는 행동을 멈춰야 할 때다. 죄의 대가는 용서의 유익을 넘어서지 못한다.

 사무엘하 11장 1절-12장 25절

12월 21일
복종과 겸손

"범사에 우리 주 예수 그리스도의 이름으로
항상 아버지 하나님께 감사하며
그리스도를 경외함으로 피차 복종하라"

(엡 5:20-21)

사람들은 오케스트라에 참여할 때 자기만의 개성을 내려놓는다. 교향곡은 단독 연주가 아니기 때문이다. 음악가들은 자신의 정체성을 잃지는 않지만 그래도 그 오케스트라 안에 속한다. 전체로서의 그 그룹은 각자로서의 개인보다 더 중요하며, 개별 음악가가 만들어낼 수 없는 것을 만들어낸다.

바울이 "피차 복종하라"고 말할 때 그는 이와 비슷한 말을 하는 것이다. 물론 여기서 그 그룹은 오케스트라가 아니라 교회를 의미한다.

복종이라는 개념에 대해 사람마다 다양한 반응이 있겠지만, 성경이 이 단어를 단도직입적으로 빈번하게 사용한다는 것은 인정해야 한다. 바울은 교회의 하나 됨과 건강이 그 구성원들이 복종을 제대로 이해하는지 그리고 그것을 서로의 관계 속에서 실천하는지에 달려 있다고 보았다.

신자들 간에 상호 복종의 문제를 진지하게 받아들인다는 것은 어떤 모습일까? 부분적으로 그것은, 우리 각자가 자신을 지나치게 기쁘게 하려고 하거나 남들보다 자신이 우월하다고 느낄 아무런 이유가 없음을 깨닫는 것을 의미한다. 다시 말해, 겸손할 때 피차 복종을 보여주게 된다. 자만심은 이것을 어렵게 만든다. 자만심은 모든 사람이 직면하는 큰 도전이다. 끊임없이 남보다 앞서야 한다고 등을 떠미는 문화에서 살아가다 보면 자만심은 강화될 수밖에 없다.

그러나 교회는 그런 환경에서 버텨야 하고 영향을 받지 않아야 한다. 우리는 하나님의 백성으로서 하나님께서 허락하지 않으시면 아침에 일어나는 것조차 할 수 없음을 안다. 핵심은 우리가 전적으로 그분께 의존하여 산다는 것이다(행 17:24-25). 복음은 진정한 겸손의 열쇠다. 우리에게 가장 필요한 것과 우리 스스로 절대 할 수 없는 것을 예수님 안에서 하나님이 행하셨음을 알게 하기 때문이다.

진정한 겸손은 자기 비난이 아니다. 우리 자신으로부터 자유로워지는 것이다. 진정한 자신이 되고, 자신을 잊어버리는 자유다. 우리가 우주의 중심이 아님을 아는 데서 오는 자유다. 그런 겸손을 계속 바라볼 때 다른 사람에게 복종할 준비가 될 것이다. 다른 사람의 지휘를 받으며 자신이 가진 모든 것으로 더 큰 선을 위해 섬기고 다른 사람의 유익을 우선시할 것이다. 그러면 교회는 아름다운 것, 즉 복음을 드러내는 공동체를 형성할 수 있다. 그러므로 교회에서 다른 사람이 그런 그리스도인이 되기를 기다리지 말라. 내가 먼저 그런 그리스도인이 되겠다고 오늘 결심하라.

 에베소서 4장 1-16절

12월 22일
게으름에 대한 경고

"내가 게으른 자의 밭과 지혜 없는 자의 포도원을 지나며 본즉
가시덤불이 그 전부에 퍼졌으며
그 지면이 거친 풀로 덮였고 돌담이 무너져 있기로…
네가 좀더 자자, 좀더 졸자, 손을 모으고 좀더 누워 있자 하니"
(잠 24:30-31, 33)

운전하고 가다가 폐허가 되어 풀로 뒤덮인 집을 보았다고 상상해보라. 처음에는 그 집에 아무도 살지 않는다고 생각할 것이다. 그런데 그때 깨진 창문 너머로 누군가가 보인다. 그래서 혹시 집주인이 아파서 집을 관리하지 못하는 게 아닐까 생각한다. 그런데 그들이 밖에 나와 돌아다니는 걸 보니 너무나 건강하다. 그들은 그저 게을렀던 것이다.

이것은 오늘 잠언 말씀이 묘사하는 장면이다. 어떤 게으른 사람이 살고 있는데 그의 포도원은 그의 게으름을 적나라하게 보여준다.

게으른 자들이 처음부터 가난하고 수치스럽게 살려고 하는 것은 아니다. 단지 그들은 일할 때 몇 가지 특징적인 태도를 보인다. 이것은 하나님의 말씀의 거울 앞에 서는 우리에게도 해당될 수 있는 특징들이다.

게으른 자들은 침대에 누워서 가만히 쉬기만 한 것이 아니다. 그들은 침대에 달라붙어 이리저리 움직이지만, 별 의미있는 행동을 하지 않는다(잠 26:14). 그들은 아무것도 하지 않겠다고 단호하게 거부하는 것도 아니다. 그저 조금씩 일을 미루면서 '나중에 해야지' 하고 자신을 속인다.

게으른 자들은 변명하는 데 고수다. 일할 마음은 전혀 없으면서 언제나 게으름을 피우는 이유를 찾아낸다. 쓰레기통을 비우는 일처럼 쉬운 일조차도 하지 않는 이유를 대며 합리화하려 한다.

게으른 자들은 아이러니하게도 늘 성취에 대한 갈망이 있다. 왜냐하면 그들의 마음 자세 때문에 결코 그 갈망을 이루지 못하기 때문이다. 그 갈망은 언제나 '저기 어딘가'에 있지만 결코 깨닫지 못한다. 게으른 자들의 영혼은 갈망하면서도 아무것도 얻지 못한다. 할 수 없기 때문이 아니라 하지 않기 때문이다. 그들은 너무 과도하게 쉬어서 쉼이 없다.

게으름에 빠져버리면, 10킬로미터를 뛸 준비가 되었다거나 보고서를 쓰기 시작했다거나 프로젝트를 끝낼 준비가 되었다고 아무리 자신을 확신시켜도, (하나님의 능력과 은혜로 우리 현실이 변화되기 전까지는) 그저 상상의 영역에 살고 있을 뿐이다.

게으름을 별로 중요하지 않은 문제로 보려는 것을 조심하라. 게으름은 연약함이 아니다. 그것은 죄다. 게으름은 조금씩 우리 삶 전체에 영향을 주면서 점점 인식하지 못한 힘으로 커진다. 또한 사탄은 우리를 안심시켜서 패배하게 하려 한다. 지금 어떤 방식으로 게으름의 유혹을 받고 있는가? 어떤 핑계를 대며 미루는가? 이 죄를 직면하고 하나님께서 즉시 지속적으로 이것을 다뤄주시길 구하겠는가?

 데살로니가후서 3장 6-15절

12월 23일
주님, 당신이 아십니다

"세 번째 이르시되 요한의 아들 시몬아 네가 나를 사랑하느냐 하시니
주께서 세 번째 네가 나를 사랑하느냐 하시므로 베드로가 근심하여 이르되
주님 모든 것을 아시오매 내가 주님을 사랑하는 줄을 주님께서 아시나이다
예수께서 이르시되 내 양을 먹이라"

(요 21:17)

기독교의 핵심은 조직신학 코스를 밟거나 교리를 줄줄 외우는 것에 있지 않다. 그리스도인에게 가장 중요한 것은 예수님과의 관계다. 예수님이 나를 아시고 사랑하시기에 그에 대한 보답으로 그분을 사랑하는 것이다.

이를 직접적으로 가장 잘 보여주는 장면이 예수님이 부활하신 후에 해변에서 제자들과 함께 식사하신 후 베드로와 둘만의 대화를 하셨을 때다. 이 대화를 통해 베드로는 믿음을 회복하고 사명을 받았다. 하지만 이 대화는 무엇보다 그리스도께서 자신을 사랑하는 사람들을 얼마나 잘 아시고 보살피시는지를 보여준다. 그리스도의 최대 관심사는 "네가 나를 사랑하느냐?"라는 자신의 질문에 대한 베드로의 대답이었다.

이 대화 속에서 예수님은 베드로에게 그 질문을 반복해서 하셨다. 그 질문은 단순히 감정을 불러일으키기 위한 것이 아니었다. 결단을 요구한 것이었다. 예수님이 이 질문을 반복해서 하신 것은 베드로가 세 번이나 그리스도를 모른다고 부인한 것을 생각나게 했다. 베드로는 이 질문을 통해 얼마 전 자신이 그리스도를 향한 사랑을 보여주는 데 실패했다는 사실을 인정할 수밖에 없었다. 그는 자신을 정당화하기 위해 자기가 한 일을 내밀 수가 없었다.

우리도 자신이 넘어졌던 시간을 떠올려보면 같은 깨달음을 얻을 것이다. 그리스도께서 우리에게 같은 질문을 하실 때, 우리 또한 우리의 사랑을 증명

하기 위해 내밀 수 있는 것이 아무것도 없다. 베드로가 그리스도, 곧 하나님 앞에서 유일하게 내밀 수 있었던 것은 하나님 자신의 전지하심(omniscience)이었다. "주님… 내가 주님을 사랑하는 줄을 **주님께서 아시나이다**." 이처럼 우리가 유일하게 호소할 수 있는 것은 예수님의 이해심 많은 마음이다.

우리의 행동은 우리를 좌절시킬 수 있고, 환경은 우리를 흔들고 넘어뜨릴 수 있으며, 하나님을 향한 우리의 사랑은 약해질 수 있지만, 예수님이 우리 마음을 아신다는 그 사실 안에서 우리는 안심할 수 있다! 그분은 우리 마음이 실패할 것과 우리 믿음이 약해질 것을 아신다. 하지만 우리의 실패가 그분이 이 세상에 오셔서 십자가에서 죽으시고 다시 살아나신 바로 그 이유다.

회복이 필요하지만 우리를 변호할 말이 하나도 없을 때, 우리가 가진 놀라운 소망은 "주님, 당신이 아십니다"라고 말할 수 있다는 사실이다. 사랑에 다시 불을 지펴야 하는데 불을 붙일 만한 것이 아무것도 없을 때, 우리가 가진 놀라운 진실은 우리를 사랑하셔서 십자가에 달리신 주님을 바라볼 수 있다는 사실이다. "우리가 사랑함은 그가 먼저 우리를 사랑하셨음이라"(요일 4:19).

잠시 시간을 내어 우리를 향한 하나님의 은혜와 사랑이 얼마나 친밀한지 깊이 생각해보라. 예수님이 십자가에서 우리의 모든 실패를 짊어지셨기에 우리는 죄에 대해 죽었고 그분에 대해 살았다(벧전 2:24). 예수님은 우리의 모든 불완전함에도 불구하고 우리와 계속해서 관계 맺기를 원하신다. 그분은 우리를 너무나 잘 아시지만 그럼에도 우리를 완벽하게 사랑하신다.

그분을 사랑하는가? 그분이야말로 가장 사랑할 만한 가치가 있는 분이시다.

 요한일서 3장 16-24절

12월 24일
크리스마스의 종

> "…너를 세워 백성의 언약과 이방의 빛이 되게 하리니
> 네가 눈먼 자들의 눈을 밝히며
> 갇힌 자를 감옥에서 이끌어 내며
> 흑암에 앉은 자를 감방에서 나오게 하리라"
>
> (사 42:6-7)

크리스마스에는 많은 사람들이 예수 탄생 이야기를 생각하며 평온함을 느끼곤 한다. 그러나 온갖 감상에 푹 빠져 하나님의 목적이라는 큰 틀을 완전히 벗어나기 쉽다. 예수 탄생 장면에 너무 익숙해진 나머지, 베들레헴 구유에 나신 아기를 볼 때 우리는 하나님의 종을 보는 것이라는 경이로운 진리를 깨닫지 못한다.

종으로 오신 예수님께는 사명이 있었다. 마리아와 요셉도 예수님이 성취하실 그 모든 일에 대해서는 그저 어렴풋이 알 뿐이었다. 그러나 예수님이 오시기 몇백 년 전에, 하나님은 그분이 하나님의 목적을 성취하기 위해 무슨 일을 할지 선포하셨다(사 42:1-4).

예수님은 영적으로 눈먼 자들의 눈을 뜨게 하려고 오셨다. 지상 사역을 하시는 동안 예수님은 눈먼 자의 눈을 실제로 뜨게 하심으로 놀라운 예를 보여 주셨다. 그러나 진정으로 중요한 것은 육체가 아니라 영에 관한 것이었다. 예수님은 하나님의 진리를 보지 못하는 사람들의 눈을 뜨게 하려고 오셨다.

또한, 종으로 오신 예수님은 갇힌 자를 자유하게 하셨다. 많은 사람이 죄책을 씻어낼 방법을 수없이 찾아다니고 있지만 예수님 외에는 어떤 다른 해결책도 없다. 그분은 쇠사슬을 끊고 우리를 풀어주신다. 우리는 전에는 죄의 노예였으나 이제는 구조되었다. 우리의 구원자께서는 어둠 속에 앉은 자들이

그분의 빛을 보기만 해도 지하 감옥에서 풀려나게 해주신다.

이 종의 이야기는 우리가 무엇을 해야 하는지의 이야기가 아니라 예수님이 무엇을 하셨는지의 이야기다. 그분은 지하 감옥으로, 우리의 속박 속으로, 우리의 눈멂 속으로 오셔서 이렇게 말씀하셨다. "너희들은 실패했고 율법을 어겼으며, 너희들은 너희의 상태를 절대 바로잡을 수 없다. 하지만 내가 죄인들을 구원한다. 내가 눈을 뜨게 한다. 내가 포로들을 풀어준다. 내가 빛을 가져온다. 내가 너희들이 해야 할 모든 일을 다 했다. 단순한 믿음과 어린아이 같은 신뢰로 내게 돌아오라. 그러면 보게 될 것이다. 너희는 자유롭게 될 것이며 너희의 어둠에 빛이 비추일 것이다."

이 모든 일을 행한 분이 바로 그 익숙한 예수 탄생 장면에서 볼 수 있는 구유에 누인 아기다. 그 아기를 보며 우리의 구원자로 오신 하나님의 아들을 잊지 말고 찬양하며 경배하라.

 누가복음 1장 26-56절

12월 25일
와서 꿇어 경배하라

"…목자가 서로 말하되
이제 베들레헴으로 가서
주께서 우리에게 알리신 바 이 이루어진 일을 보자 하고
빨리 가서 마리아와 요셉과 구유에 누인 아기를 찾아서"

(눅 2:15-16)

베들레헴 달려가

나신 아기 예수께

꿇어 경배합시다

탄생하신 아기께[12]

크리스마스에 이런 찬송가를 부를 때 실제로 무릎을 꿇는 사람은 많지 않다. 이 찬송가의 초청은 은유적이다. 그러나 실제로 그리스도를 보고 싶다면 적어도 우리 마음의 자세는 꿇어 경배하라는 이 초청을 받아들일 준비가 되어있어야 한다. 이것은 어떤 의미일까? 그분이 경외 받을 만한 분임을 인식하고 겸손하게 기대하며 나아온다는 의미다.

본문의 목자들과 마찬가지로 우리도 하나님께 나아가도록 이끌리는데, 이는 하나님께서 '찾으시는 하나님'이시기 때문이다. 예수님의 탄생 이야기에서 하나님은 놀랍게 모든 것을 주도하신다. 당신의 아들을 힘없는 아기의 모습으로 세상에 보내셨고 천사를 통해 목자들에게 말씀하셨다. "무서워하지 말라 보라 내가 온 백성에게 미칠 큰 기쁨의 좋은 소식을 너희에게 전하노라 오늘 다윗의 동네에 너희를 위하여 구주가 나셨으니 곧 그리스도 주시니라"(눅 2:10-11). 하나님은 은혜로 일을 주도하셨고 목자들은 믿음으로 반응했

다. 그들은 천사가 전한 소식을 믿었고 열정적으로 구유를 찾기 시작했다. 그들은 자신의 생계나 자신이 알던 모든 지식을 뒤로하고 즉시 온 세상의 구주를 찾는 일에 힘을 쏟았다. 하나님의 메시지에 어떻게 반응해야 하는지 이보다 더 잘 보여주는 예가 있겠는가?

어떤 사람들은 목자들이 너무 단순하게 믿고 반응했다고 그들을 업신여길 수도 있을 것이다. 무엇 때문에 이들은 하나님의 메시지를 신뢰하지 못할까? 한마디로 말하면, 교만이다. 교만은 천사들의 소식을 듣고도 목자들을 계속 들판에 머물게 해서 그들이 그리스도와의 관계를 맺지 못하게 했을 것이다. 교만은 우리가 무릎을 꿇고 그리스도께 나아오는 것을 가로막을 뿐 아니라, 하나님을 진실로 알기 위해 상하고 통회하는 마음이 필요하다는 진리를 보지 못하게 한다(시 51:17).

베들레헴에 있는 예수탄생교회(the Church of the Nativity)는 그냥 걸어서 들어갈 수가 없다. 문이 너무 낮기 때문이다. 주 예수의 탄생을 상징하는 그 장소에 들어가는 단 한 가지 방법은, 몸을 구부리고 절하며 무릎을 꿇는 것이다. 참 아름다운 모습이다. 그리고 이런 질문을 하게 한다. '나는 그리스도 앞에서 나 자신을 낮출 준비가 되었는가? 나는 그 목자들처럼 이 구원자를 알고 따르기 위해 내가 가진 모든 선입견과 이전의 계획들을 기꺼이 포기할 수 있는가?' 오늘, 이 크리스마스에 자신의 마음을 점검해보라. 하나님의 영광 앞에서 절하고, 아기 왕으로 우리에게 오셔서 먼저 자신을 낮추신 분을 경외하자. 그리고 이것이 우리의 영원한 자세가 되게 하자.

 누가복음 2장 1-20절

12월 26일
그리스도께서 말씀하시는 크리스마스

"…주께서 세상에 임하실 때에 이르시되
하나님이 제사와 예물을 원하지 아니하시고
오직 나를 위하여 한 몸을 예비하셨도다
번제와 속죄제는 기뻐하지 아니하시나니"

(히 10:5-6)

마태복음과 누가복음에는 우리가 잘 알고 있는 크리스마스의 모든 등장인물들, 요셉, 마리아, 목자들, 동방박사 등이 다 등장한다. 때로는 상대적으로 덜 알려진 사가랴, 엘리사벳, 안나, 시므온 같은 사람들을 등장시키기도 한다. 크리스마스 시즌이 지날 때마다 우리는 이 모든 등장인물의 관점에서 다룬 설교와 연구들을 들었을 것이다. 그런데 한 가지 눈에 띄는 예외가 있다. 놀랍게도 예수님의 관점에서 크리스마스를 생각하는 사람은 거의 없다는 점이다.

본문에서 히브리서 기자는 예수님이 역사의 무대로 걸어오셨을 때 시편 40편을 직접 인용하셨다고 말한다. 신데렐라의 유리구두가 신데렐라에게만 맞았듯이, 오늘 본문의 말씀은 오직 예수님께만 들어맞는다.

하나님은 구약 시대 내내 첫 번째 크리스마스를 준비하고 계셨다. 모든 구약의 희생제사는 그것들이 가리키는 실재의 그림자에 불과했기 때문이다. 그 희생제사에는 제단에서 찔려야 했던 동물들의 죽음이 포함되었는데, 동물들은 그 일에서 선택의 여지가 없었다. 그들은 그저 강제로 투입되었다. 그러나 예수님은 인간이 되시기 전부터 자신의 역할(예수님의 희생)이 그와 다르다는 것을 아셨다. 예수님은 의지적으로 그 역할에 동의하셨다. 가장 겸손한 형태와 예상치 못한 환경에서 성자 하나님은 자신을 위해 준비된 몸을 입으셨다.

"많은 사람의 대속물"(마 20:28)이 되셨다. 예수님은 이 망가진 세상과 죄악으로 가득한 사람들을 보며 아버지 하나님께 이렇게 말씀하셨다. "네, 제가 가겠습니다. 제가 인간이 되겠습니다. 그리고 그들을 위해 죽겠습니다."

베드로는 그리스도의 죽음의 무게를 간파하고 이렇게 기록한다. "친히 나무에 달려 그 몸으로 우리 죄를 담당하셨으니 이는 우리로 죄에 대하여 죽고 의에 대하여 살게 하려 하심이라 그가 채찍에 맞음으로 너희는 나음을 얻었나니"(벧전 2:24). 예수님은 완전한 하나님이시면서 완전한 인간으로서 이 세상에 오셔서, 동물 희생제사로는 할 수 없는 일을 자신의 몸으로 행하셨다. 우리가 받을 벌을 대신 받아 우리의 양심을 깨끗하게 하셨고 하나님의 자비를 베푸셨다. 그분은 죄인인 인간이 하나님과 다시 교제하는 데 필요한 모든 것을 완벽하게 이루셨다.

규율과 인간의 노력이라는 헛된 장치로 천국에 갈 수 있다고 말하는 단순한 종교적 약속과는 매우 다른 이야기다. 구유의 메시지는 자유를 선포하는 자비의 메시지다. 하나님이 놀라운 방식으로 주도권을 잡으셔서 예수님을 통해 우리를 구원하러 오셨다. 우리는 하나님을 찾기 위해 긴 여행을 할 필요가 없다. 새로 태어난 왕이신 그리스도께서 자신의 역할을 알고 계시기 때문이다. 우리의 바른 반응은 무엇인가? 그저 겸손하게 그분 앞에 절하고 온 마음을 다해 그분을 찬양하며 평생 기대에 차서 그분을 기다리는 것이다.

 시편 40편

12월 27일
인생의 취약점

"들으라 너희 중에 말하기를 오늘이나 내일이나 우리가 어떤 도시에 가서 거기서 일 년을 머물며 장사하여 이익을 보리라 하는 자들아 내일 일을 너희가 알지 못하는도다 너희 생명이 무엇이냐 너희는 잠깐 보이다가 없어지는 안개니라 너희가 도리어 말하기를 주의 뜻이면 우리가 살기도 하고 이것이나 저것을 하리라 할 것이거늘"

(약 4:13-15)

성경은 사업적인 감각이나 미래를 위한 계획을 정죄하지 않는다. 성경이 정죄하는 것은 의도적이든 의도적이지 않든 하나님과 상관없이 미래를 계획하고 결정하는, 교만하고 자기중심적인 사고방식이다. 즉 우리에게 결코 약속되지 않은 확실성을 가정하는 마음 자세다.

야고보는 우리의 지식과 이해가 얼마나 유한한가를 정확히 지적한다. 우리가 무엇을 알지 못하는지 인정해야 한다고 상기시킨다. 몇 주 혹은 몇 달 후를 계획하려 하는가? 물론 그렇게 할 수 있다! 하지만 야고보는 우리가 내일 일도 알지 못한다고 지적한다. 우리가 계속 살아있으리라는 생각은 교만이다.

야고보는 계속해서 우리의 취약점을 상기시킨다. 사실 우리 인생은 "잠깐 보이다가 없어지는 안개"다. 잠깐 풀 위에 맺혔다가 태양 빛에 바로 사라져버리는 아침 안개처럼 일시적이다. 결국 지금의 우리는 미래 세대가 흔적도 찾아볼 수 없이 사라져버릴 것이다.

우리의 취약성과 한계를 놓고 볼 때, 우리는 미래를 어떻게 생각해야 할까? 야고보는 우리의 주제넘은 생각과 계획들을 지적할 뿐 아니라 그에 대한 해결책도 제공한다. 간단히 말해, 우리는 겸손하게 계획 세우는 법을 배워야 한다. 우리는 하나님의 섭리적인 보호하심에 전적으로 의존하고 있음을 인정하고 계획을 세워야 한다. 온 우주(우리도 포함해서)에서 그 무엇도 1분의 1초라도 하나님과 떨어져서 존재할 수 있는 것은 하나도 없다. 알렉 모티어(Alec Motyer)는 이렇게 말한다. "우리가 또 하루를 얻은 것은 자연적인 필연성이나 기계적인 법칙에 의한 것이 아니며, 우연에 의한 것도 아니고, 자연의 호의에 의한 것도 아닌, 하나님의 언약적 자비에 의한 것이다."**13**

내일은 약속되어 있지 않다. 내일을 계획할 수는 있지만 그것을 통제할 수 있다고 가정해서는 안 된다. 하나님의 자비만이 우리가 매일 새날을 깨어 맞이하게 한다. 우리의 생명은 하나님이 주신 선물로서 하나님께서 지속시켜 주셔야만 가능함을 깨닫는다면, 주제넘게 내일을 계획하는 것이 어리석은 죄라는 사실을 알게 될 것이다. 우리는 우리의 한계와 인생의 덧없음을 무시할 수 없다. 하지만 이 현실을 통해, 오히려 하나님의 영광을 위해 우리의 생각과 결정을 바꿀 수 있다. 그러므로 오늘과 내일, 내년과 앞으로의 인생에서 자신이 세운 계획들을 돌아보라. 그것들에 대해 기도했는가? 하나님의 계획이 그 모든 것을 주관하심을 인정하는가? 모든 계획은 하나님께 달려 있음을 인정하는가? 자신이 세운 계획을 하나님께 가지고 나아가 그분 손에 맡겨드리라. 우리는 미래를 통제할 수 없다. 그러나 그럴 필요도 없다. 우리는 미래를 통제하시는 분을 알고 있기 때문이다.

 마태복음 6장 25-34절

12월 28일
교만에 대한 치료책

"…삼가 바리새인들의 누룩과
헤롯의 누룩을 주의하라"

(막 8:15)

많은 사람이 주 예수님을 보았고 그분의 가르침을 들었으며 그분의 기적을 목격했는데도 믿기를 거부했다는 사실을 생각하면 정신이 번쩍 든다.

예수님이 빵 몇 개와 물고기 몇 마리로 4천 명을 먹이신 날(이는 예수님이 곧 광야에서 백성을 먹이신 그 하나님이시라고 드러내신 것이다. 참조. 막 8:1-10. 출 16장), 바리새인들은 예수님께 "하늘로부터 오는 표적"(막 8:11)을 요구한다. 이에 대한 반응으로 예수님은 따르는 자들에게 이렇게 경고하셨다. "삼가 바리새인들의 누룩과 헤롯의 누룩을 주의하라." 바리새인들의 특징은 위선이었고 헤롯의 특징은 적대감이었다. 바리새인들은 자기 의에 가득 차서 자신이 하나님께 복을 받을 자격이 있다고 생각했기 때문에 구원자를 필요로 하지 않았다. 헤롯은 자신에게 사람들을 휘두를 권세가 있다고 생각했기 때문에 왕이 필요 없었다. 그래서 그들은 진리를 볼 수 없었다. 그들은 예수님이 누구신지 믿으려 하거나 믿고 싶어 하지 않았다. 그들은 사실 이렇게 말하고 있었다. "예수님이 무슨 의미로 그 말을 하시는지 알고 싶지 않아. 그분이 내 구원자, 혹은 내 왕이라고 절대 받아들이지 않을 거야." 예수님은 이런 태도를 취하는 자들에게 경고하셨다. 적은 누룩(불신)이 엄청난 차이를 만들기 때문이다.

교만이 흉악한 머리를 쳐들 때, 우리는 성경을 통해 배우려 하기보다 성경을 판단하게 된다. 그러다 보면 사소하게 여긴 진리의 왜곡이 누룩처럼 우리의 회심이라는 전체 반죽에 영향을 끼칠 수 있다. 예수님이 우리에게 도전하신 것은 겸손하게 그분을 있는 그대로 받아들이라는 것이다. 그분이 우리를 죄에서 건지시고 우리의 전 인생을 다스리시게 하라는 것이다. 예수님은 인내심을 가지고 그분이 누구신지 반복해서 우리에게 알려주신다. 그분의 도전은 예언적이고 근원적이며, 직접적이고 사랑에 차 있다.

교만이라는 누룩이 주는 결과를 이겨내려면 그리스도께서 우리 삶에서 일하셔야 한다. 그 일을 알기 위해서는 하나님의 개입이 있어야 한다. 우리가 성경을 읽고 복음을 들어도 이해의 눈과 귀가 열리기까지 아무것도 보고 듣지 못하는 이유가 여기에 있다. 하나님의 영이 예수님의 아름다움을 보여주시고 우리에게 그분이 얼마나 절실히 필요한지 알려주실 때 우리의 영과 마음은 이렇게 노래할 수 있다.

> 성령께서 어떻게 일하시기에 내가 죄를 알게 되고,
> 말씀을 통해 예수님이 드러나며,
> 그분을 믿을 수 있게 되는지 난 알 수 없네.
> 하지만 나는 내가 누구를 믿는지 알고 있으며,
> 그분이 하실 수 있음을 확신하네.**14**

바리새인과 헤롯의 누룩에 대한 해독제는 성령님의 역사다. 성령님의 필요를 깨닫지 못하는 교만을 버리라. 성령님께서 오늘 말씀을 통해 예수님을 새롭게 보여주셔서 우리가 삶의 모든 영역에서 그분을 우리의 구원자와 왕으로 경배하게 되기를 기도하라.

 누가복음 18장 9-14절

12월 29일
기다려야 할 때

"그를 이끌고 밖으로 나가 이르시되
하늘을 우러러 뭇별을 셀 수 있나 보라
또 그에게 이르시되 네 자손이 이와 같으리라
아브람이 여호와를 믿으니 여호와께서 이를 그의 의로 여기시고"

(창 15:5-6)

우리 믿음이 오랜 기다림 속에서 흔들림 없이 서 있으려면, 다음의 진리들을 확실히 붙들어야 한다. 첫째, 하나님은 하기로 약속하신 것들을 행할 능력이 있으시다. 둘째, 하나님은 모든 상황에서 우리에게 필요한 모든 것을 충족시키기에 충분하시다.

아브라함의 믿음은 인생의 기다림의 방에서 시험대에 올랐다. 그는 오랜 세월 외국에서 살면서 하나님이 약속하신 자기 "몸에서 날 자"(친아들)가 세상에 나오기를 기다렸다(창 15:4). 하나님은 아브라함이 그분의 약속을 신뢰하고 기다린 것을 "그의 의로 여기"셨다.

바울은 아브라함의 믿음에 대해 이렇게 기록한다. "믿음이 없어 하나님의 약속을 의심하지 않고 믿음으로 견고하여져서 하나님께 영광을 돌리며 약속하신 그것을 또한 능히 이루실 줄을 확신하였으니"(롬 4:20-21). 다른 말로 하면, 아브라함은 하나님이 약속을 어떻게 지키실지 전혀 알 수 없는 상황에서도, 그 무엇도 하나님이 그 말씀을 성취하시기를 막을 수 없음을 믿었다. 그의 믿음은 어둠 속에서 맹목적으로 달리는 것이 아니었다. 그의 믿음은 하나님의 성품에 기초했다.

오늘날 우리의 상황에서 보면, 우리가 붙드는 가장 놀라운 약속 중 하나는 예수님께서 우리를 위해 처소를 준비하고 계시며, 우리를 데려가기 위해 다시 오겠다고 하신 약속이다(요 14:3). 우리가 예수님의 이 약속을 그대로 믿고 받아들인다면 우리는 천국 소망으로 가득 찰 것이다. 예수님은 친히 나타나시고, 누구나 볼 수 있게 오시며, 자기 백성을 위해 오실 것이다. 우리는 이 약속을 조금도 의심하지 않고 확신할 수 있다. 우리에게 주신 이 약속들은 하나님이 아브라함에게 주신 약속, 곧 성취되기까지 그가 25년이나 기다렸던 약속만큼 확실하다.

우리는 아브라함의 경험을 통해, 하나님께서 우리가 이 기다림의 때를 충분히 지나가게 해주시리라는 것을 안다. 창세기 17장에서 하나님은 아브라함의 믿음을 굳세게 하시려고 그에게 다시 나타나셨다. 그분은 어떻게 하셨는가? '하나님이 누구인지' 보여주셨다. "아브람이 구십구 세 때에 여호와께서 아브람에게 나타나서 그에게 이르시되 나는 전능한 하나님[El-Shaddai]이라 너는 내 앞에서 행하여 완전하라"(창 17:1). 이 구절에서 히브리어 '엘 샤다이'(El-Shaddai)는 '하나님으로 충분하다'는 뜻이다. 즉 하나님은 자신의 속성과 능력을 보여주시면서 반드시 약속을 지키신다고 확신을 주신 것이다.

그리스도인의 삶은 기다림이다. 하나님이 '보류하신 것'들과 '아직 이루어지지 않은 것'들 모두 하나님의 목적의 일부다. 따라서 모든 기다림은 우리가 말씀에 의거해서 하나님을 붙들 기회가 된다. 그리고 기다리는 시간을 통해 우리는 하나님이 우리의 모든 필요를 채우시는 분임을 신뢰할 수 있다. 우리가 믿는 하나님은 자신이 약속하신 모든 것을 행하실 수 있는 분이다. 이 사실 안에서 안심하라.

 창세기 17장 1-8절

12월 30일
모든 것이 새로워지다

"…하나님은 친히 그들과 함께 계셔서 모든 눈물을 그 눈에서 닦아 주시니
다시는 사망이 없고 애통하는 것이나 곡하는 것이나
아픈 것이 다시 있지 아니하리니
처음 것들이 다 지나갔음이러라"

(계 21:3-4)

새 하늘과 새 땅이라는 개념은 온전히 파악하기 어렵다. 하지만 분명히 말할 수 있는 것은 하나님은 현재 있는 것을 취해서 그것을 변화시키실 것이고, 그 무엇도 그분의 완벽해진 나라를 파괴할 수 없다는 것이다. 우리가 이렇게 확신을 가지고 말할 수 있는 이유는, 나무 십자가와 빈 무덤에서 가장 영광스럽게 자신을 나타내신 그분이 자신의 약속을 지킬 능력이 있는 하나님이시기 때문이다. 우리가 역사라고 부를 수 있는 모든 장면 뒤에서 하나님은 지금도 그분의 나라를 완성하시며 준비하고 계신다. 그리고 사실 하나님은 이 일을 영원 전부터 준비하고 계셨다. 그리스도께서 다시 오실 때 그분은 이 새 나라에서 하나님의 의가 다스리는 새 하늘과 새 땅을 시작하실 것이다.

하나님의 완벽한 나라가 마침내 세워질 때, 죄는 벌을 받고 정의는 세워질 것이며 악은 멸망할 것이다. 더 이상 죽음과 슬픔, 눈물과 고통이 없을 것이다. 이런 것들은 그저 "다 지나"간 "처음 것들"이 될 것이다. 하나님이 그분의 나라를 완성하실 때, 그분의 완벽한 계획이 펼쳐질 때, 아무도 그것을 망칠 수 없을 것이다.

요한계시록에서 새 하늘과 새 땅을 표현하며 사용된 "새"라는 단어는 시간이나 기원에 관한 것이 아니다. '종류'나 '질'에 관한 것이다. 다시 말해, 하나님은 이 피조세계를 변화시키셔서 하나님이 원래 의도하셨던 영광과 위엄을

드러내실 것이다. 사탄은 하나님께서 당신이 만드신 피조세계를 파괴하는 모습을 보는 만족을 누리지 못할 것이다. 노아 시대에 물을 사용하신 하나님은 피조세계를 정화하기 위해 불을 사용하실 것이다(벧후 3:5-7).

따라서 새 땅은 여전히 땅이며, 실제로 사람이 거주하는 장소일 것이다. 하지만 그때는 "물이 바다를 덮음 같이 여호와를 아는 지식이 세상에 충만할 것"(사 11:9)이다. 그렇게 되면 온 피조세계는 죄와 부패의 속박에서 해방되기를 간절히 기다릴 것이다!(롬 8:19-22)

이 새로운 피조세계는 기다릴 가치가 있다. 삶의 목적이 될 수 있고, 심지어 이를 위해 죽을 수도 있다. 하나님은 모든 것을 새롭게 하실 것이다. 우리의 영혼, 마음, 육체, 심지어 우리가 사는 환경도 새롭게 하실 것이다. 지금이 땅에서 삶을 망치는 것들은 하나도 남지 않을 것이며, 모든 소망하는 것들, 모든 기대하던 것들이 완성될 것이다.

그래서 우리는 간절히 기다린다(롬 8:23). 삶이 아무리 어두워 보여도 절망할 필요가 없다. 하나님이 우리의 눈물을 닦아줄 그날이 기다리고 있기 때문이다. 그래서 우리는 그것을 "참음으로" 기다린다(롬 8:25). 어떤 유혹이 있다 해도, 지금 필요한 모든 것을 잡으려고 애쓸 필요가 없다. 우리가 상상할 수 있는 모든 기쁨과 만족이 실재가 되는 나라가 완성될 날이 기다리고 있기 때문이다. 그러니 간절함과 인내가 우리의 좌우명이 되게 하자.

 로마서 8장 18-25절

12월 31일
인생의 덧없음

"인생은 그 날이 풀과 같으며 그 영화가 들의 꽃과 같도다
그것은 바람이 지나가면 없어지나니…
여호와의 인자하심은 자기를 경외하는 자에게
영원부터 영원까지 이르며"

(시 103:15-17)

인생은 우리의 상상보다 훨씬 빨리 지나간다. 나는 첫 아이가 태어난 날을 또렷이 기억한다. 그리고 그 아이가 십 대였던 때가 불과 몇 주 전 같다. 우리가 어렸을 때는 12월 1일부터 12월 25일이 몇 년은 되는 것 같았지만 지금은 너무나 빨리 지나간다. 갑자기 일어나 보니 나이 든 자신을 발견하기도 하고 같은 또래의 누군가가 죽었다는 소식이 들려오기도 한다. 그러다 보면 인생이 정말 짧다는 사실을 깨닫는다. 한때는 생명력이 풍성했지만 영원하지 않다.

나이가 들수록 육체와 정신의 기능들이 약해지고, 친구들은 세상을 떠나며, 일상적으로 하던 습관들이 무너지기도 하고, 오래 품고 있던 야망도 잠재력과 매력을 잃는다. 하지만 이런 현실이 우리를 절망으로 몰고 가게 해서는 안 된다. 오히려 자극제가 되어야 한다. 우리가 살아갈 날들은 풀처럼 제한적이지만, 매일이 기회가 될 수 있다! 성경학자 데릭 키드너(Derek Kidner)는 이렇게 말한다. "우리에게는 아직 죽음이 오지 않았다. 죽음의 쇠사슬 소리가 달그락거리니 어서 움직이자."15 아직 남아있는 시간 동안 우리는 눈을 들어 "밭"(아직 예수님을 자신의 주요, 구원자로 알지 못해서 주님의 변함없고 영원한 사랑을 누리지 못하는 사람들)을 볼 수 있다. 예수님이 말씀하셨듯이, 밭이 이미 "희어져 추수하게" 되었다(요 4:35).

성경은 우리에게 졸업한 후에, 혹은 결혼한 후에, 혹은 정착하거나 문제를 해결한 후에, 혹은 은퇴한 후에 그리스도를 섬기라고 말하지 않는다. 오히려 오늘 바로 그리스도를 섬기라고 요청한다. 현명한 사람이라면 우리에게는 시간의 제한이 있고 그 시간을 가장 잘 사용하는 방법은 주님의 일을 하는 것임을 알 것이다.

그러므로 지금 자신이 인생을 시작하는 단계에 있든, 인생의 황금기에 있든, 아니면 인생을 회고하는 중이든, 손의 힘이 다하고 이와 눈과 귀가 더 약해지기 전에 예수 그리스도를 위해 힘을 다해 살기로 선택하라. 스터드(C. T. Studd)의 말처럼 내일까지 기다린다면 너무 늦을지도 모른다.

오직 한 번뿐인 인생,
너무 빨리 가버릴 것이다.
오직 그리스도를 위해 행한 일만
영원하리라.

그러므로 인생의 날들을 있는 그대로 "풀"로 보라. 그날들을 우리를 영원히 사랑하시는 하나님을 경외함으로 보내라. 그리고 그 시간 동안 자신의 왕국을 세우기보다 영원히 지속될 유일한 왕국의 일을 하며 보내라. 그러면서 오늘과 앞으로 올 모든 날 동안 "우리의 손이 행한 일을 우리에게 견고하게 하소서"(시 90:17)라고 기도하라.

 시편 90편

> " 12월 한 달간 말씀과 동행한 기록을 남겨주세요."

January

1월

1월 1일
창조의 왕

"태초에 하나님이
천지를 창조하시니라"
(창 1:1)

하나님이 계시지 않았던 적은 한 번도 없었다. 시간이 있기 전에, 무엇이 있기도 전에 하나님이 계셨다. 그리고 하나님의 속성은 불변하시기에 하나님은 언제나 삼위일체(성부, 성자, 성령 하나님)로 존재하셨다.

성경을 읽어 보면 삼위일체 하나님 모두 창조에 관여하셨다는 것을 알 수 있다. 성부 하나님은 주도하셨고, 성령 하나님은 "운행"하시면서 일을 진행하셨고, 성자 하나님은 자신으로 말미암아 만물이 지은 바 되게 하셨다(창 1:2-3; 요 1:3).

"빛나고 아름다운 모든 것, 크고 작은 모든 피조물"[16]이 우리의 경외를 받아야 한다. 그것들은 모두 하나님의 명령으로 조성되었다. 하나님은 그 모든 것의 창조자이실 뿐 아니라 그분이 창조한 모든 것의 주인(Lord)이시다. 자연만물이 그분 손 안에 있고 그분의 통제 아래 있다. 해안가에서 파도가 치는 것을 볼 때마다 우리는 그 모든 파도가 하나님의 전능하신 다스림의 결과임을 인정할 수밖에 없다. 하나님은 한 번도 창조하신 피조세계를 내버려 두신 적이 없고 앞으로도 그러실 것이다.

하나님은 또한 초월적인 분이시다. 하나님은 그분이 만드신 모든 것 위에, 그 너머에 구별되어 그분의 보좌에 계신다. 이것이 기독교와 범신론이 구별되는 지점이다. 범신론은 자연세계가 하나님의 현현이기에 모든 것이 그분의 일부라고 생각한다. 이렇게 생각하면 파리 한 마리도 죽일 수 없고 개미도 밟을 수 없다. 그런 곤충들도 신적인 존재이기 때문이다. 이와 비슷한 논리로 나무도 벨 수 없고 고기도 먹을 수 없다. 모두 '하나님의 일부'이기 때문이다. 이런 생각들은 오해를 불러일으키고 잘못된 가르침을 주어 결국 우상숭배로 이끄는 경향이 있다. 성경은 사람들이 "피조물을 조물주보다 더 경배하고 섬김이라"(롬 1:25)고 반복해서 말한다. 위대한 미술 작품을 볼 때 우리는 감탄하며 그것을 즐기고는 그 그림을 그린 화가를 찬양한다. 모든 피조세계는 하나님의 캔버스이며, 모든 것은 "그의 보이지 아니하는 것들 곧 그의 영원하신 능력과 신성"(롬 1:20)을 말해준다.

그러므로 오직 하나님만 경배를 받으시기에 합당하다. 피조세계는 그분의 능력에 의해, 그분의 영광을 위해 존재하기 때문이다. 하나님의 존재는 시작도 끝도 알 수 없다. 그래서 그분은 영원히 다스리실 것이다. 그분은 왕이시다. 오늘, 하나님이 받으시기에 합당한 방식으로 그분을 높이라. 산책하거나 창밖을 내다보며 그분이 만드신 것들 안에서 그분의 아름다움이 드러나거든 그분을 찬양하라. 하나님께서 그 전능한 손으로 우리를 지키시고 모든 피조세계를 통치하고 계시니 그분을 찬양하라.

 요한계시록 4장

1월 2일
너의 하나님을 보라!

"아름다운 소식을 시온에 전하는 자여 너는 높은 산에 오르라
아름다운 소식을 예루살렘에 전하는 자여 너는 힘써 소리를 높이라
두려워하지 말고 소리를 높여 유다의 성읍들에게 이르기를
너희의 하나님을 보라 하라"

(사 40:9)

이사야 선지자가 살던 시기에 하나님의 백성은 외국 땅으로 유배되었다. 그들은 기세가 꺾였고 주님을 찬양하는 노래도 부를 수 없었다(참조. 시편 137:1-4). 그러나 그들이 유배되었을 때 하나님은 위로의 말로 자기 백성에게 오셨다(사 40:1). 그 위로는 하나님의 약속이 성취된다는 위로였고 주님의 영광이 이스라엘뿐 아니라 모든 인류에게 드러나게 되리라는 위로였다.

이 좋은 소식은 그저 조용히 들을 수 있는 그런 소식이 아니었다. 하나님의 백성은 서로에게 소망의 영광을 북돋우며 승리의 함성을 질러야 했다. 예전에는 "흑암에 행하던 백성"이었지만 이제 "큰 빛"을 보게 되었다(사 9:2).

이 타락한 세상의 어둠과 천국의 빛 사이의 대조가 이사야서 전체에 흐르는(사실상 성경 전체에 흐르는) 큰 그림이다. 어둠은 하나님에 대한 무관심과 반항, 하나님의 말씀대로 살지 않으려는 삶의 결과다. 이런 어둠에 빛을 비추고 마음과 생각을 새롭게 하는 한 가지 메시지는 이것이다. "너희의 하나님을 보라!"

이 메시지는 이사야 시대만큼이나 오늘날 하나님의 백성에게도 중요하다. 오늘날 어둠은 너무나 짙어 보이고 빛은 때로 너무나 약해 보인다. 그러나 불확실한 시기에 희망의 메시지가 분명해지는 경우도 많다. 하나님은 이렇게 약속하셨다. "여호와의 영광이 나타나고 모든 육체가 그것을 함께 보리라 이

는 여호와의 입이 말씀하셨느니라"(사 40:5). 하나님이 육신을 입으시고 우리 가운데 임하셨을 때 이 약속은 마침내 성취되었다.

요한이 그의 복음서를 쓰면서 "말씀이 육신이 되어 우리 가운데 거하시매 우리가 그의 영광을 보니 아버지의 독생자의 영광이요 은혜와 진리가 충만하더라"(요 1:14)라고 했을 때, 그는 이사야 선지자가 고대했던 것과 같은 장면을 보고 있었다. 여기 세상의 빛(그분)이 있었고 "빛이 어둠에 비치되 어둠이 깨닫지 못"했다(요 1:5). 이사야는 오실 그분을 묘사했지만 우리는 요한처럼 이미 완성된 일(이미 드러난 약속된 영광)을 묵상할 수 있다

하나님께서 우리에게 오셔서 어둠을 깨뜨리시고 구원을 가져오셨다. 우리는 구유에 누이시고 십자가에 달리시며 무덤에서 걸어 나오신 하나님, 지금은 높은 보좌에서 다스리시는 그 하나님을 바라볼 수 있다. 곳곳에 어둠이 있을지라도 우리는 빛을 보아야 한다. 거기서 두려움을 몰아내는 소망을 찾고 사람들에게 알려주어야 할 복음을 발견할 수 있기 때문이다. 그러니 오늘, 하나님을 바라보라!

 이사야서 40장 1-31절

1월 3일
성취된 모든 약속

"아브라함과 다윗의 자손
예수 그리스도의 계보라"

(마 1:1)

신약성경의 시작은 즉각적인 영감을 주지 못할 수 있다. 만일 누군가가 처음으로 성경을 읽기 시작해서 구약성경의 마지막 권인 '말라기'(기대감으로 다음으로 나아가게 하는 책)까지 이르렀는데, 그다음 책이 족보로 시작하는 것을 본다면 흥분했던 감정이 시들해질지도 모른다. 그들은 (그리고 우리도!) 마태복음을 그냥 건너뛰고 다른 복음서부터 시작하고 싶은 유혹을 느낄지도 모른다.

하지만 구약에서 하나님이 그분의 백성에게 하신 약속은 모두 그 성취를 고대하고 있었다는 것을 기억해두라. 신약성경을 읽어나가다 보면 신약의 시작으로 이보다 더 합당한 방식은 없었음을 깨닫게 된다. 마태복음의 족보는 아브라함에서 다윗까지, 그리고 마지막으로 이 모든 약속을 성취하시는 예수님까지를 기록하기 때문이다.

이와 비슷하게 마가는 그의 복음서 전체에서, 앞으로 오실 그분을 가리켰던 선지자들을 언급한다. 마가는 이 놀라운 현실을 위한 배경으로 구약성경을 사용하면서 그의 복음서 두 번째 문장을 이렇게 기록한다. "선지자 이사야의 글에…"(막 1:2). 그리고 그가 기록한 예수님의 첫 말씀은 이것이었다. "때가 찼고 하나님의 나라가 가까이 왔으니"(막 1:15). 예수님의 제자들은 선지자들과 왕들이 그토록 보기 원했던 일을 목격하는 특권을 누렸다(참조. 눅 10:24). 이 특권은 하나님 말씀의 조명하심을 통해 지금도 계속된다.

신약성경은 하나님의 약속이 성취되는 도구가 두 단어로 요약될 수 있음을 보여준다. 바로 '예수 그리스도'다. 하나님은 이스라엘 백성이 이해하는 용어와 개념('나라'와 '성전' 같은 단어)을 사용해 그들에게 약속을 주셨다. 그리스도의 오심은 복음의 빛 안에서 구약의 개념들을 재정의했다. 구약의 예언들은 기독론적으로(christologically), 즉 그리스도의 인성 안에서, 그분에 의해 성취되었다. 그러므로 이스라엘 국가 안에서 새로운 성전을 찾으려 하는 대신, 하나님의 아들이신 주 예수님을 통해 하나님을 만나고, 하나님의 영에 의해 우리 각자 안에서 그분의 임재를 누리며, 지금부터 영원까지 우리의 삶을 변화시키시는 그리스도의 통치의 실재를 바라보아야 한다.

하나님 아들의 오심은 구약 범주들의 경계를 허문다. 이는 하나님의 백성을 불안하게 하려는 것이 아니다. 오히려 전율하게 한다! 그리스도께서는 모든 하나님의 약속의 완벽한 성취이시다. 그분은 하나님의 모든 놀라운 보증의 실재이시다. 이제 하나님께서 그분의 모든 약속을 어떻게 성취하시는지 보기 위해 기다릴 필요가 없다. 우리는 그리스도를 통해 만족하게 되었고, 만족하고 있으며, 만족할 것임을 안다. 그분은 우리와 함께하시며 우리를 위해, 우리를 통해 일하겠다고 약속하셨다. 우리에게 영원하고 완전한 나라를 주겠다고 하셨다. 때로 이런 약속들을 붙들기 어려운 순간이 있다. 이런 때가 오면 우리는 아브라함과 다윗의 자손으로 오신 분, 성령으로 잉태되신 분, "때가 찼고 하나님의 나라가 가까이 왔다!"라고 선포하신 분, 십자가에 달리셨다가 죽은 자 가운데서 살아나셔서 모든 하나님의 약속이 그분 안에서 "예"가 되게 하시는 분을 보면 된다.

 마태복음 1장 1-18절

1월 4일
그리스도 안에서 만족하다

"…어떠한 형편에든지 나는 자족하기를 배웠노니
나는 비천에 처할 줄도 알고
풍부에 처할 줄도 알아"

(빌 4:11-12)

우리는 불만에 빠진 사회에서 살아간다. 상업광고들은 누군가를 부러워하게 하거나 불만족하게 한다. 하지만 문제는 우리가 사는 사회가 아니라 바로 우리 자신의 마음과 생각의 상태다. 요란하게 관심을 끄는 많은 것들(지위, 소유, 영향력 혹은 명성) 때문에 우리는 만족에서 멀어진다. 하지만 이런 것들은 아무리 구해도 결코 충족될 수 없으며, 하나님이 우리에게 주신 즐거움을 누리지 못하게 한다. 추구는 끝이 없다.

하지만 바울은 자족한다고 말할 뿐 아니라 "어떠한 형편에든지" 자족할 수 있다고 말했다. 이것이야말로 모든 사람이 찾는 것이 아닌가! 그렇다면 그 비결은 무엇일까? 비결은 주 예수 그리스도의 충만하심 안에서 자신을 바라보고 인생을 바라보는 것이었다. 바울은 고난 앞에서 힘들지 않은 척하거나 어떤 정신 승리와 같은 거짓 복음을 옹호하지 않았다. 그의 만족은 어떤 상황에서든 그의 마음과 생각을 하나님의 뜻에 복종시킨 결과였다.

모두가 가난하고 부유한 상황 둘 다에 처해보는 것은 아니다. 다른 쪽의 삶을 모두가 다 아는 것이 아니다. 하지만 바울은 그랬다. 그는 따스하고 배부른 것이 무엇인지 알았고 춥고 헐벗은 것이 무엇인지 알았다. 만일 그가 환경에서 만족을 구했다면 그의 삶은 늘 롤러코스터와 같았을 것이다. 화려함에 도취했다가 그다음엔 그것의 부재에 압도당하는 삶을 살았을 것이다. 그런

변덕스러운 마음은 바울을 무력화시켜서 그리스도를 섬기지 못하게 했을 것이다.

바울은 보통의 필요를 가진 보통의 사람이었다. 바울은 로마 감옥에서 디모데에게 편지를 써서 이렇게 말했다. "너는 어서 속히 내게로 오라… 네가 올 때에… 겉옷을 가지고 오고 또 책은 특별히 가죽 종이에 쓴 것을 가져오라"(딤후 4:9, 13). 그는 사람들에게 버림받기도 했으며, 특정 물건들이 필요했다. 그렇다. 바울은 겉옷, 책, 친구 같은 것들을 원했다. 하지만 그는 그것이 없어도 괜찮을 것을 알았다. 그의 평화는 더 큰 것에 머물고 있었기 때문이다.

바울처럼 우리의 만족도 궁극적으로 예수님과의 연합 안에 세워져 있어야 한다. 그분께 속하고 전적으로 그분의 처분에 맡기는 것 이외의 다른 야망을 거부하라. 그리스도를 알고 그분이 얼마나 멋진 분인지를 알 때, 즉 그분이 전부이며 은보다 귀하고 금보다 귀하고 다이아몬드보다 더 아름답다는 것, 그분과 비교할 만한 것이 아무것도 없음을 알 때,[17] 우리가 환경을 보는 방식과 만족의 척도가 완전히 달라질 것이다.

 시편 73편

1월 5일
우리의 위대한 대제사장

"대제사장마다 사람 가운데서 택한 자이므로 하나님께 속한 일에 사람을 위하여 예물과 속죄하는 제사를 드리게 하나니… 이 존귀는 아무도 스스로 취하지 못하고 오직 아론과 같이 하나님의 부르심을 받은 자라야 할 것이니라 또한 이와 같이 그리스도께서 대제사장 되심도 스스로 영광을 취하심이 아니요 오직 말씀하신 이가 그에게 이르시되… 네가 영원히 멜기세덱의 반차를 따르는 제사장이라 하셨으니"(히 5:1, 4-6)

제사장직과 희생제사의 개념은 현대 시대와 너무나 동떨어져 있지만, 그것을 이해하는 것은 그리스도인의 삶의 근본이다. 구약 시대 이스라엘에서 동물 제사를 실천한 것은 인간이 하나님께 도달해서 받아들여지게 하려는 헛된 시도로 만들어진 제도가 아니었다. 오히려 하나님의 언약 백성이 하나님의 성품과 기대와 구원 계획의 경이로움을 이해하도록 돕기 위한 것이었다(그것은 사실 오늘날에도 이런 방식으로 우리를 돕는다). 그것이 풍기는 모든 뉘앙스를 통해 하나님은 당신의 백성이 주 예수 그리스도께서 완성하신 일을 바라보게 하셨다. 예수님은 하나님의 백성의 위대한 대제사장이자 그들을 대신해 드려진 완벽한 희생제물이셨다.

역사적으로 이스라엘의 대제사장은 모세의 형인 아론 계열에서 나왔고 "형제 제사장들 가운데서 으뜸되는"(레 21:10, 새번역) 자로 여겨졌다. 이 대제사장은 그가 대표하는 사람들이 겪는 사회적 제약과 억압과 시련을 똑같이 경험했는데, 이로 인해 그들에 대해 더욱 공감하는 변호자가 되었다.

그러나 대제사장을 임명하는 역사적 방식은 헤롯 대왕과 다른 통치자들 때문에 예수님이 오시기 오래전부터 이미 붕괴되어 있었다. 그들은 자신들을 위해 대제사장을 선출했다. 그들은 대제사장의 역할이 인간에 의해 부여된 명예가 아님을, 아론에게 그랬듯이 그것은 하나님의 부르심이라는 사실을 알지 못했다. 대제사장의 역할은 정치 기관을 대변하는 것이 아니라 하나님 앞에서 하나님의 백성을 대표하는 것이었다.

이것이 예수님을 최고의 대제사장으로 만드는 요인 중 하나다. 예수님은 대제사장이 되는 영광을 스스로 취하신 것이 아니라 아버지께 임명받으셨다. 예수님은 이렇게 말씀하셨다. "내가 내게 영광을 돌리면 내 영광이 아무것도 아니거니와 내게 영광을 돌리시는 이는 내 아버지시니 곧 너희가 너희 하나님이라 칭하는 그이시라"(요 8:54). 예수님은 우리가 겪는 것과 같은 고난을 완벽하게 견디셨다. 그분은 죄가 없으시면서도 우리 죄를 위해 전능하신 하나님 앞으로 나아가셨다. 예수님은 온유한 영으로 우리가 의를 향해 나아가도록 힘을 주신다. 그분이 완벽한 제사를 드리셨기 때문이다. 예수님이 완벽한 제물이 되셨기에 우리는 지금, 그리고 영원토록 하나님의 임재를 누릴 수 있다. 어떤 죄나 고통도, 어떤 절망이나 실망도 이 영광스러운 현실을 덜 실재적이게 하지 못한다. 우리에게 영원한 제사장이 계셔서 영원히 그분과 함께할 수 있다는 영광스러운 현실은 그 어떤 것으로도 약화되지 않는다.

 히브리서 4장 14절-5장 10절

1월 6일
하나님의 말씀을 소중히 여기기

"내 아들아 내 말을 지키며 내 계명을 간직하라
내 계명을 지켜 살며 내 법을 네 눈동자처럼 지키라
이것을 네 손가락에 매며 이것을 네 마음판에 새기라"
(잠 7:1–3)

배가 고플 때 시장을 보는 것은 위험하다. 평상시 같으면 전혀 사지 않았을 음식을 사고 싶은 유혹을 받기 때문이다. 솔로몬왕의 말을 보면 누구나 그런 것 같다. "배부른 자는 꿀이라도 싫어하고 주린 자에게는 쓴 것이라도 다니라"(잠 27:7).

이 같은 원리는 순결에 대한 추구에도 적용될 수 있다. 영적으로 배고플 때 돌아다니는 것은 정말로 위험하다. 하나님의 말씀으로 배부른 상태가 아니기 때문이다.

순결을 유지하기 위해 어떤 의미 있는 시도를 하기 원한다면 하나님의 말씀을 읽으라. 아니, 그뿐 아니라 말씀을 '소중히 여겨야 한다.' 하나님께서 어떤 사람도 능가하는 지혜를 주셨던 이스라엘의 왕(왕상 3:3–14) 솔로몬은 하나님의 말씀을 소중히 여기는 것이 무엇인지 다음과 같은 단어들을 사용해 아들에게 말한다. 하나님의 말씀을 "지키며" 그것을 "간직하라." 네 "눈동자처럼 지키라." 네 손가락에 "매며" 마음판에 "새기라."

하나님의 말씀을 이런 식으로 대하려면 성경을 단순히 공부하는 교과서나 어떤 주장의 증거가 담긴 책, 혹은 가끔 돌아볼 만한 약속이 담긴 책으로 보아서는 안 된다. 하나님의 말씀을 소중히 여기기 위해서는 다음과 같은 시편 기자의 관점을 가져야 한다. 시편 기자는 그 시대에 살던 교만하고 비웃기를 잘하는 자들과 거리를 두면서 하나님과 동행하는 사람에 대해 말했다. "오직 여호와의 율법을 즐거워하여 그의 율법을 주야로 묵상하는도다"(시 1:2).

하나님의 말씀을 즐거워하는 것(말씀이 우리 삶을 통치하고 인도하도록 허락하는 것)과 순결을 향한 열정을 유지하는 것 사이에는 직접적인 관련이 있다. 우리가 성경을 소중히 여기지 못하면 순결의 문제에서 걸려 넘어지는 것은 '시간문제'다.

우리 모두는 하나님의 말씀을 지킴으로써 순결을 지킬 수 있다(시 119:9). 성경 말씀을 암송하려는 계획을 세워보지 않겠는가? 매일 혹은 이틀에 한 번, 아니면 매주, 성경 구절을 암송하길 적극 추천한다. 계획을 세우고 끝까지 실천해보라.

하나님의 말씀을 마음껏 먹고 배부르라. 성경을 소중히 여기고 순결하라.

 시편 119편 1-16절

1월 January

1월 7일
드러난 복음

*"오직 너희는 그리스도의 복음에
합당하게 생활하라"*

(빌 1:27)

우리가 옷 입는 방식, 웃거나 인상을 쓰거나 행동하는 방식, 말투나 내용 등…. 매일 우리는 주위 사람들에게 무엇이 정말 중요한지, 그리고 인생은 정말 어떤 것인지 드러내며 살아간다.

그리스도인이라면 이런 드러냄이 복음과 조화를 이루어야 한다.

그래서 바울은 빌립보 교인들에게 그들이 믿는 것과 그들의 행동 사이에 차이가 없게 하라고 요청했다. 즉 그들이 고백하는 신앙과 그들이 보여주는 행동 사이에 차이가 없어야 한다는 말이다. 오늘날 우리를 향한 그리스도의 요청도 다르지 않다. 하지만 우리 믿음이 아무리 성숙해도, 또 아무리 그 차이를 좁혀도 언제나 해야 할 일은 더 있기 마련이다.

바울이 사용한 "생활하라"는 단어는 헬라어 '폴리튜에스데'(*politeuesthe*)에서 나온 것으로, NIV 성경은 "행동하라"(conduct yourselves)로 번역했다. 이 단어의 어근은 '폴리스'(*polis*)로, '도시'라는 뜻이며, 여기서 경찰(police)과 정치(politics)라는 단어가 파생되었다. 바울은 실제적인 의미로 그리스도인의 시민권과 행동에 관해 말한 것이다. 우리가 자신을 하나님 나라의 시민으로 이해할 때, 인간의 도시라는 다른 나라에서 이방인이자 대사로 사는 것이 어떤 의미인지 알게 된다. 그리고 우리가 믿음과 행위의 차이를 좁힐 때 다른 사람들이 우리를 통해 천국을 미리 맛보게 될 것이다.

그러므로 우리의 행동으로 어떤 말을 해야 하겠는가? 간단히 말하면 이것이다. 그리스도의 복음은 사랑의 복음이다. 요한의 말에서 이를 알 수 있다. "사랑은 여기 있으니 우리가 하나님을 사랑한 것이 아니요 하나님이 우리를 사랑하사 우리 죄를 속하기 위하여 화목 제물로 그 아들을 보내셨음이라 사랑하는 자들아 하나님이 이같이 우리를 사랑하셨은즉 우리도 서로 사랑하는 것이 마땅하도다"(요일 4:10-11). 즉, 하나님이 우리를 사랑하신 것처럼 우리도 주위 사람들을 사랑해야 한다는 것이다. 비록 사랑할 만하지 못하거나 사랑할 수 없어 보이는 사람일지라도 사랑하며, 소망과 기쁨으로 그렇게 해야 한다! 이 사랑의 메시지는 바울이 우리에게 주는 도전이다.

당신이 하는 말뿐 아니라
행동의 고백 속에서
그리고 무엇보다 무의식적인 방식으로
그리스도가 표현된다.[18]

그러므로 잠시 멈춰 서서 오늘 어떻게 옷을 입을 것인지, 언제 웃고 언제 인상을 찌푸릴 것인지, 어떻게 행동할 것인지, 어떤 말투로 어떤 내용을 담아 말할 것인지 생각해보라. 지금 세상을 향해 어떤 말을 하고 있는가? 사랑의 복음을 담아내는 말들이 되게 하라.

 요한일서 4장 7-21절

1월 8일
억울함과 싸우기

"전에 아람 사람이 떼를 지어 나가서 이스라엘 땅에서 어린 소녀 하나를 사로잡으매
그가 나아만의 아내에게 수종들더니 그의 여주인에게 이르되
우리 주인이 사마리아에 계신 선지자 앞에 계셨으면 좋겠나이다
그가 그 나병을 고치리이다 하는지라"

(왕하 5:2-3)

고통 자체가 저절로 한 사람을 하나님과 더 깊은 관계로 이끄는 것은 아니다. 하나님의 말씀을 들으면서도 믿음으로 그것에 반응하지 못하는 사람들은 마음이 하나님을 향해 더 부드러워지기보다 더 딱딱해지곤 한다. 그래서 믿음이나 소망과는 거리가 멀어 보이는 고난이 닥칠 때 사실상 더 원통한 마음을 갖게 된다. 그러나 고난은 하나님께로 달려가게 할 수도 있고 하나님에게서 멀어지게 할 수도 있다. 시련을 겪는 중에 우리는 자신에게 이렇게 질문해야 한다. "이 시련은 나를 더 비참하고 냉담하게 만드는가, 아니면 더 사랑하고 온유하게 만드는가?"

열왕기하에 나오는 왕조들과 예언자들의 이야기 중에서 어린 이스라엘 여자아이의 이야기는 큰 상심 속에서의 온유와 겸손에 대한 놀라운 장면을 보여준다. 시리아인들은 습격 도중에 이 어린 여자아이를 포로로 잡아 가족과 이스라엘로부터 강제로 떼어내어 시리아 군대 장관인 나아만을 위해 일하게 했다. 그 아이와 가족에게 얼마나 큰 비극이었겠는가!

그러나 이런 큰 고통 속에서도 그 어린 여자아이의 따스한 마음을 보게 된다. 이 아이는 주인이 한센병으로 고통받는다는 소리를 듣자 나아만의 아내에게 그가 어떻게 하면 병을 고칠 수 있는지 말해준다. 만일 원한을 품으려고 마음먹었다면 주인이 아프다는 소식을 들었을 때 "그렇지, 천벌을 받는 거

야."라고 결론을 내렸을 것이다. 하지만 그녀는 그렇게 하지 않았다. 그녀는 자기 원수에게 최악의 상황이 아닌 최선의 상황이 일어나기를 바랐다. 정말 놀라운 일이다. 어떻게 그럴 수 있었을까? 아마도 그녀는 가족을 떠난 슬픔과 허전함 속에서 자신이 사랑하는 하나님과 그분의 약속을 몇 번이고 되풀이하며 떠올렸을 것이다.

우리도 자신만의 고통의 시간을 지날 때, 또한 깊은 고통을 겪는 누군가를 도우려고 할 때, 부드럽고 열린 마음을 가져야 한다는 것을 잊어서는 안 된다. 그것은 절대 쉽지 않다! 하지만 하나님의 신실하심은 너무나 광대하고 포괄적이기에 우리의 어떠한 깊은 고통 속에서도 우리를 지키실 수 있다. 그러므로 모든 상황에서 하나님께 나아가 그분의 신실하심과 공급하심 안에서 쉬라. 그럴 때 우리는 "하나님께 받는 위로로써 모든 환난 중에 있는 자들을 능히 위로"할 수 있다(고후 1:4).

 고린도후서 5장 6-21절

1월 9일
최고의 초대

"수고하고 무거운 짐 진 자들아
다 내게로 오라
내가 너희를 쉬게 하리라"

(마 11:28)

초대장을 받을 때마다 우리는 같은 질문을 하게 된다. '누가 보낸 거지? 누구에게 보낸 거지? 무슨 중요한 일이지?' 오늘의 묵상 구절은 신약성경 전체에서 가장 사랑스러운 초대일 것이다. 하지만 이 초대를 잘 이해하려면 아까와 같은 질문을 해야 한다.

먼저 이것은 사적인 초대다. 어떤 강의에 대한 초대나 어떤 종교, 또는 철학에 대한 초대가 아니다. 힌두교, 불교, 유교, 뉴에이지 운동, 휴머니즘, 혹은 현대 세계관에서 발견되는 어떤 '~주의'에 들어오라는 초대가 아니다. 이것은 예수님의 초대다. 예수님은 우리 각 사람에게 "내게로 오라"고 말씀하신다. 초대장의 중요성은 그것을 보낸 사람이 누군지에 달려 있다. 복음서에서 예수님은 자신이 메시아, 세상의 구원자, 하나님의 아들이라고 선포하신다(참조. 요 4:25-26; 요일 4:14). 이런 정체성을 지니신 예수님은 우리에게 반응을 명령하실 수도 있었다. 그러나 예수님은 그렇게 하는 대신, 초대하신다.

예수님은 누구를 초대하시는가? "수고하고 무거운 짐 진 자들"이다. 이 초대에는 모든 사람이 포함된다. 어떤 큰 무리 가운데서 특정 부류를 선택하는 것이 아니라 모든 인류를 대상으로 한다. 우리 각 사람은 이 말씀을 들어야 한다. 우리 중에 근심, 책임감, 두려움, 실패와 같은 짐이 가득한 수레를 끌지 않는 사람이 누가 있겠는가?

예수님은 우리를 "쉬게" 하기 위해 초청하신다. 예수님이 말씀하신 쉼은 결코 실패하지 않는 영원한 안식이다. 예수님은 우리를 연회로 부르시며 스스로 의복을 갖춰 입으라고 요구하지도 않으신다. 우리는 있는 모습 그대로 연회에 나타나면 된다. 하나님은 우리 중 많은 사람이 입고 있는 '자신의 선한 행위'라는 옷을 누더기라고 부르며 던져버리신다. 하나님은 또한 '나의 형편없고 소망 없음'이라는 옷도 다 던져버리신다. 그리고 그 옷들 대신 "공의의 겉옷"(사 61:10)을 우리에게 입히신다. 이 옷은 예수 그리스도께서 친히 주신 옷이다. 우리는 예수님께 나아가 우리에게 필요한 모든 것을 받을 때, 스스로 무언가 해보려고 하고 자기 힘으로 천국을 얻으려 했던 모든 시도를 내려놓고 쉴 수 있다.

이것은 모든 초대 중 최고의 초대다. 오늘이 처음이든 천 번째든, 자신의 짐을 그분께 가져오라. 그분이 주시는 쉼을 얻으라.

한 번의 탄원도 없이, 있는 모습 그대로
당신이 나를 위해 피를 흘리셨기에
그리고 당신이 내게 오라고 명령하셨기에
오 하나님의 어린양이여,
내가 옵니다, 내가 옵니다.¹⁹

 마태복음 11장 25-30절

1월 10일
많은 것을 통용하다

"믿는 사람이 다 함께 있어
모든 물건을 서로 통용하고"
(행 2:44)

이방 세계의 눈으로 볼 때 초대교회의 가장 큰 매력 중 하나는 공동체적 생활방식이었다. 무엇이 이 다양한 사람들(이방인과 유대인, 할례자와 무할례자, 야만인과 스키타이인, 노예와 자유인, 참조. 골 3:11)을 하나로 묶었을까? 바로 예수 그리스도다. 그리스도인들의 공동체적 생활방식은 예수님을 떠나서는 설명이 되지 않는다.

그때로부터 지금까지 교회는 몇 가지 특징적인 공통점을 기반으로 하는 독특한 교제를 통해 늘 연합을 이루어왔다. 첫째, 공통된 '믿음'이다. 초대교회는 인종, 교육수준, 관심사 혹은 어떤 다른 것을 기반으로 모이지 않았다. 대신 그들은 자신의 모든 다양한 삶을 예수 그리스도를 자신의 구세주로 믿는 공통된 믿음 아래로 가져왔다. 오늘날에는 성만찬 예식을 통해 이러한 연합이 생생히 표현된다. 모든 사람이 한 몸으로서 하나의 빵과 하나의 잔에 참여한다. 예수님이 생명의 빵으로서 우리를 지탱하시고 연합하게 하신다.

둘째, 공통된 '가족'이다. 예수님을 우리 구주로 믿을 때 우리는 다른 신자들과 함께 그분의 가족으로 받아들여져서 같은 하늘 아버지를 갖는다. 이러한 가족적 연합은 이 땅에서의 가족적 연대를 넘어선다. 믿음의 가족은 영원하기 때문이다. 따라서 우리는 영적 형제자매의 필요를 살펴야 한다. 신자로서 우리가 서로 사랑하지 않는 것은 슬픈 일일 뿐 아니라 모순되는 일이기 때문이다. "하나님을 사랑하는 자는 또한 그 형제를 사랑할지니라"(요일 4:21).

셋째, 공통된 '감정'이다. 진정한 교회는 하나님의 은혜로 공통의 감정을 경험한다. 우리는 스포츠 이벤트에서 낮은 버전의 이 감정을 느낀다. 개인마다 응원하는 대상은 달라도 함께 공통된 감정과 확신과 목표를 공유하는 것이다. 때로는 함께 들뜨기도 하고 함께 기가 꺾이기도 한다. 이와 비슷하게 한 가족 구성원으로서 우리는 서로의 기쁨, 평화, 고통, 슬픔을 공유한다. 바울은 이렇게 표현한다. "만일 한 지체가 고통을 받으면 모든 지체가 함께 고통을 받고 한 지체가 영광을 얻으면 모든 지체가 함께 즐거워하느니라"(고전 12:26). 이 본문에서 바울은 교회를 몸으로 비유한다. 믿는 자로서 우리는 서로 다르고 다양한 장점과 단점을 갖고 있다. 하지만 그래서 따로 있을 때보다 함께일 때 더 잘 작동하는 몸이 된다. 내 한계와 단점이 다른 사람의 장점으로 보완되고, 그 반대도 마찬가지다.

모든 가정에는 그들만의 어려움과 힘든 일들이 있다. 그리고 우리는 모두 죄인이다. 그래서 하나님의 백성에 속한 특권을 잊어버리기 쉽다. 교회 가족을 주신 하나님께 감사한 적이 언제였는가? 주일에 함께 모인 형제자매를 보면서 이 가족에 속하게 된 은혜를 기뻐한 적은 언제였는가?

사도들의 시대만큼이나 지금 이 세상도 모두가 분열되어 있고 외로움으로 가득하다. 사람들은 망가져 있고 두려움에 떨고 있으며 길을 잃은 상태다. 하지만 그리스도의 연합된 몸인 우리는 더 깊은 교제와 영원하고 소망이 가득한 미래를 이 세상에 제공할 수 있다. 하늘 아버지의 손과 발이 되어 다른 사람들을 그분의 가족으로 초대하는 일을 할 수 있다. 그 기회를 잡겠는가?

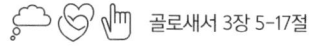 골로새서 3장 5-17절

1월 11일
어둠 속에서 찬양하라

"욥이 일어나 겉옷을 찢고 머리털을 밀고 땅에 엎드려 예배하며 이르되
내가 모태에서 알몸으로 나왔사온즉 또한 알몸이 그리로 돌아가올지라 주신 이도 여호와시요
거두신 이도 여호와시오니 여호와의 이름이 찬송을 받으실지니이다 하고
이 모든 일에 욥이 범죄하지 아니하고 하나님을 향하여 원망하지 아니하니라"

(욥 1:20-22)

욥은 아마도 성경에서 고난을 견딘 인물 중 최고의 예일 것이다. 그는 흠이 없고 바른 사람이었지만 하루아침에 모든 자녀가 죽고 거의 모든 소유를 다 잃었다. 하지만 그의 첫 번째 반응은 부유하든 가난하든 즐거운 상황이든 근심 어린 상황이든 하나님의 주권을 인정하는 것이었다. 혼란스럽고 절망적이며 고통스러운 일이 닥쳤을 때, 그는 머리를 밀고 찢어진 옷을 입고 땅에 엎드려 고통스러워하면서도 예배했다.

놀라운 것은 이런 고통의 어둠 속에서 "욥이 범죄하지 아니하고 하나님을 향하여 원망하지 아니"했다는 것이다. 그는 눈물을 흘리면서도 하나님의 섭리를 신뢰했다. 즉, 모든 상황에서 하나님은 그분이 하는 일을 알고 계심을 인정했다. 아무리 어려운 상황에서도 하나님은 우리의 찬양을 받기에 합당하시다. 욥은 그의 때가 하나님의 손에 있음을 알았다(시 31:15).

우리 대부분은 고통스럽고 눈물 나는 날들을 지나며 살아간다. 태풍이 부는 와중에 하나님의 전능하심과 선하심을 인정하는 것이 얼마나 어려운지 우리는 안다. 우리는 하나님이 어디 계신지 궁금해한다. 고통에 대한 우리의 인간적인 반응은 하나님의 섭리에 대한 진술을 진부하거나 틀에 박힌 말로 느끼는 것이다. 하지만 그렇지 않다. 사실 시간이 지나거나 환경이 바뀐 후 뒤를 돌아보면 하나님이 주권적으로 허락하지 않으신 비극은 없다는 것을 알게

된다. 하나님은 모든 것을 그분의 손을 통해 허락하신다. 그러므로 하나님 모르게 일어나는 일은 하나도 없다.

물론 우리는 다른 사람의 고통을 경시하거나 쉬운 답을 주려고 해서는 안 된다. 대신 고난의 시간에 더욱 그리스도를 닮도록 격려해야 한다. 하나님께서 우리에게 영생과 변함없는 사랑을 주신 것과 우리를 보살펴 우리 영을 지키신다는 것을 기억해야 한다(욥 10:12). 또 우리는 역사를 돌아보며 하나님이 이 세상의 어둠 속으로 들어오셨고 고통의 깊이를 체휼하셨다는 것을 알 수 있다. 그분은 인간이 되는 것이 무엇인지 아는 하나님이시다. 그분은 우리 앞에 고통이나 눈물이 없는 미래를 열어주실 것이다.

삶의 어려움과 고통의 깊이 속에서도 아버지이신 하나님의 섭리는 우리의 유익과 그분의 영광을 위해 모든 것을 허락하신다. 그분은 자신이 무슨 일을 하는지 아신다는 것을 증명하셨다. 그렇기에 우리는 어둠 속에서도 여전히 그분을 찬양할 수 있다.

 시편 22편

1월 12일
권능과 순결

"엿새 후에 예수께서 베드로와 야고보와 그 형제 요한을 데리시고
따로 높은 산에 올라가셨더니
그들 앞에서 변형되사
그 얼굴이 해 같이 빛나며 옷이 빛과 같이 희어졌더라"

(마 17:1-2)

존 레논(John Lennon)과 폴 매카트니(Paul McCartney)가 말했듯이, 우리는 평생 기억할 장소들을 갖고 있다.[20] 베드로와 야고보와 요한에게는 그리스도의 변화된 모습을 본 이 산이 아마도 그런 장소일 것이다. 베드로가 이 장소를 잊지 않은 것은 분명했다(벧후 1:17-18).

그 변화에는 어떤 일이 포함되어 있었을까? 먼저, 예수님의 모습이 변화되었다. 그분의 얼굴이 빛났다. 이는 단순한 깨끗함이 아니라 초자연적인 변모가 분명했다. 예수님의 얼굴에 나타난 광채를 마태는 "해 같이"라고 묘사할 수밖에 없었다. 그분의 옷도 눈부시게 희어졌는데(우리가 본 어떤 것보다 더 희었을 것이다), 비교할 수 없는 천국의 순결을 의미했다.

구약에서 하나님을 묘사하는 방법 중 하나는 그분이 "옷을 입음 같이 빛을 입으"셨다는 것이다(시 104:2). 바로 이 모습이 산 위에서 예수님이 보이신 모습이다. 누가 그런 일을 하는가? 오직 하나님이시다! 그러므로 그것은 우연이 아니었고, 그 변화된 모습은 하나님에게서 나온 계시일 뿐 아니라 하나님 자신의 계시라는 단서였다. 이 장면에서 그리스도께서는 예상치 못한 방식으로 자신이 하나님이심을 드러내셨다. 성경은 우리에게 예수님은 "하나님의 영광의 광채"(히 1:3)시라고 말한다. 그러나 예수님이 우리 세상으로 들어오셨을 때 하나님의 영광은 그리스도의 겸손한 인간성 안에 숨겨졌다. 예수

님의 변화된 모습은 존 칼빈이 말한 대로 "그분의 영광이 일시적으로 드러난 것"[21]이었다. 커튼이 살짝 열린 것이다. 산 중턱에서 이 세 제자의 마음속으로 작은 섬광이 비쳤다. 하나님은 베드로와 야고보, 요한에게 그들이 지금은 완전히 이해할 수 없어도 언젠가는 영원히 누리게 될 것을 맛보게 하셨다.

성경에서 하나님의 위엄이 드러날 때 사람들은 종종 땅에 엎드리는 반응을 보인다. 제자들도 다르지 않았다. 그들은 두려워서 떨었다. 하지만 예수님은 은혜롭게 그들에게 말씀하셨다. "일어나라 두려워하지 말라"(마 17:7).

우리는 그분의 완벽한 거룩함과 초월성에 대해 이런 경외감으로 나아가는가? 하나님에 대한 우리의 시각이 너무 좁아져 있지는 않은가? 그분의 권능과 순결함을 생각하며 경외감으로 그분 앞에 나아오라. 그런 다음 그분이 "일어나라 두려워하지 말라"고 말씀하시는 자비로운 음성을 들으라. 이것이 우리가 영광스러운 주님을 직접 볼 때까지 매일 경외감과 기쁨 속에서 살아가는 방법이다.

 마태복음 17장 1-19절

1월 13일
진정한 우정

"많은 친구를 얻는 자는 해를 당하게 되거니와
어떤 친구는 형제보다 친밀하니라"

(잠 18:24)

외롭고 친구가 없는 느낌을 좋아하는 사람은 아무도 없다. 우리는 진정한 친구가 값진 선물이라는 우정의 중요성을 안다. 일관성, 정직, 민감함이 특징인 깊은 우정은 성경이 우리에게 제시하는 기준이다.

솔로몬은 진정한 친구란 환경과 상관없이 늘 신의를 지킨다고 말한다. "친구는 사랑이 끊어지지 아니하고"(잠 17:17). 진정한 친구는 친구의 있는 모습 그대로를 보고도 여전히 신의를 지키며, 더 나아가 하나님이 의도하신 친구 관계가 되기 위해 책망도 아끼지 않는다. "친구의 아픈 책망은 충직으로 말미암는 것이나"(잠 27:6). 물론 책망받는 것이 좋지는 않겠지만 잘못할 때 붙들어 줄 수 있는 친구는 반드시 필요하다. 우리도 그런 친구가 되어야 한다.

우리는 언어 사용에도 신중해야 한다. 바울은 "무릇 더러운 말은 너희 입 밖에도 내지 말고 오직 덕을 세우는 데 소용되는 대로 선한 말을 하여 듣는 자들에게 은혜를 끼치게 하라"(엡 4:29)고 한다. 말 한마디로도 다른 사람의 마음을 아프게 할 수 있고 그 상처를 치유하는 데 평생이 걸릴 수도 있다.

이러한 원리를 진지하게 받아들이는 사람들은, "이런 덕목들을 갖춘 친구가 정말로 있을까? 내가 아는 사람 중에 늘 일관되고 사랑으로 책망하며 늘 은혜와 민감함을 보여주는 그런 사람이 있나?"라고 질문할 것이다. 이 질문의 답은 궁극적으로 그리스도의 인격에서 발견할 수 있다. 주 예수님의 우정의 범위는 놀랍다! 예수님은 매우 이상한 사람들과 친구가 되셨다. 그분은 나무 아래 멈춰 서서 세리에게 말을 거셨고, 부도덕한 여인에게 물을 달라고 하셨으며, 한센병자를 만지셨다. 예수님은 일관된 사랑을 보여주셨다. 아무리 도전적이어도 진실한 말을 하셨다. 다른 사람들을 세워주셨을 뿐 아니라, 가장 크게는 친구들을 사랑해서 자기 목숨을 내어주기까지 하셨다(요 15:13). 그분은 죄인들의 친구셨다.

> 우리에게 있는 예수는 얼마나 멋진 친구인가!
> 우리의 모든 죄와 슬픔을 짊어지셨네.
> 기도로 모든 것을 하나님께 맡기는
> 이 특권은 얼마나 놀라운가!²²

예수님의 우정은 우리에게 최고의 기준이 된다. 우리는 그리스도의 친구로서 그분처럼 다른 사람을 사랑하고 친구가 되어주도록 부름받았다. 예수님은 "내가 명하는 대로 행하면 곧 나의 친구라"(요 15:14)고 말씀하셨다. 우리는 기회가 되는 대로, 친구가 없고 쓸쓸한 사람들과 함께 그분의 우정을 나누어야 한다. 우리는 수많은 지인과 '페이스북 친구'가 넘쳐나는 세상에서 살아간다. 하지만 그것은 진정한 우정이 아니다. 변함없으며 친밀하고 그리스도를 닮은 친구들이 있는가? 그렇다면 그들을 소중히 여기라. 만약 없다면 그런 친구들을 달라고 기도하라. 오늘 누군가에게 그런 친구가 되어주라. 우리는 누군가의 외로움에 대한 응답이거나, 누군가를 상하지 않게 보호하는 자일 수 있다.

 야고보서 5장 13-20절

1월 14일
자신으로부터의 자유

"가버나움에 이르러 집에 계실새 제자들에게 물으시되
너희가 길에서 서로 토론한 것이 무엇이냐 하시되 그들이 잠잠하니
이는 길에서 서로 누가 크냐 하고 쟁론하였음이라
예수께서 앉으사 열두 제자를 불러서 이르시되 누구든지 첫째가 되고자 하면
뭇 사람의 끝이 되며 뭇 사람을 섬기는 자가 되어야 하리라 하시고"(막 9:33-35)

경쟁은 인생의 일부다. 우호적인 경쟁은 팀 안에서 원동력을 주는 도구가 될 수 있고, 팀의 구성원들이 좀 더 빠르고 강해지는 데 도움을 줄 수도 있다. 하지만 경쟁이 이기심과 질투가 되면 연합을 깨뜨린다.

예수님은 가버나움으로 가시는 중에 제자들에게 이렇게 말씀하셨다. "인자가 사람들의 손에 넘겨져 죽임을 당하고 죽은 지 삼 일만에 살아나리라"(막 9:31). 아마도 앞에서 걸으시던 예수님은 제자들이 따라오며 다투는 소리를 들으셨을 것이다. 그들의 대화는 자기가 더 크다는 질투 어린 경쟁으로 가득 차 있었다.

그런 주제의 대화는 어떤 경우든 나쁘지만, 특히 그들이 처한 맥락에서는 더 그랬다. 예수님은 당신이 당하실 고난과 죽음에 대해 가르치고 계시는데 제자들은 자기가 더 크다고 싸우고 있었으니 얼마나 어울리지 않는 일인가!

예수님은 이를 가르침의 기회로 삼고자 그들의 대화에 대해 물으셨다. 그리고 단 한 문장으로, 인간이 생각하는 '크다'는 개념을 완전히 뒤집으셨다. 그분의 나라에서 진정한 위대함은 자신을 맨 마지막에 두고 모두에게 종처럼 행동하는 것이다. 결국 이것은 그 나라의 왕이 살아가는 방식이다. 그분은 "섬김을 받으려 함이 아니라 도리어 섬기려 하고 자기 목숨을 많은 사람의 대속물로 주려"고 오셨기 때문이다(막 10:45).

우리는 이 장면에 나오는 제자들의 모습에서 우리의 모습을 보게 되고, 그들의 목소리에서 우리의 목소리를 듣게 된다. 그들처럼 자리를 놓고 다투는 우리 자신을 발견한다. 이기적인 경쟁은 종종 엉뚱한 곳에서 수면 위로 올라온다. 그러나 해독제는 항상 동일하다. 바로 겸손이다. 데이비드 웰스(David Wells)는 우리 모두에게 필요한 겸손을 이렇게 말한다. "인정받지 못하고 중요하게 여겨지지도 않으며, 힘도 없고 다른 사람 앞에 드러나지도 않으며 심지어 박탈감까지 느끼지만, 진정한 기쁨과 즐거움을 선사하는 자아로부터의 자유… 그것은 우리가 우주의 중심도 아니고 심지어 우리 자신만의 우주에서도 중심이 아니라는 것을 아는 자유다."²³

이것은 배우기 어려운 교훈이다. 하지만 우리의 경쟁심과 교만에도 불구하고 예수님은 우리를 버리지 않으신다. 우리는 이 장면에서 자신의 얼굴을 목격하고, 제자도의 길을 걷는 동안 끊임없이 하나님의 은혜가 필요함을 기억해야 한다. 오직 하나님의 은혜만이 나 자신에게서 관심을 돌리게 하고 자유롭게 한다. 십자가에서 우리를 위해 죽으려고 하늘의 영광을 버리신 그분에게 시선을 집중하는 것만이 우리 마음을 변화시킨다. 그래서 섬김을 받기보다 섬기려 하고 자신의 명성이 아닌 다른 사람의 이익에 더 신경을 쓰게 한다. 예수님은 오늘 우리에게 그분이 섬기시듯 섬기라고 초청하신다.

 로마서 12장 3-13절

1월 15일

승리의 왕

"…이제도 계시고 전에도 계셨고 장차 오실 이와 그의 보좌 앞에 있는 일곱 영과
또 충성된 증인으로 죽은 자들 가운데에서 먼저 나시고
땅의 임금들의 머리가 되신 예수 그리스도로 말미암아
은혜와 평강이 너희에게 있기를 원하노라"

(계 1:4-5)

그리스도인으로서의 확신은 있는데 삶이 여전히 어려울 때 어떤 마음을 가질 것인가? 이것은 요한계시록의 첫 독자들이 직면한 어려운 문제였다. 성경의 마지막 책인 요한계시록은 우리에게 혼동을 주기 위해서가 아니라 축복하기 위해 기록되었다(계 1:3). 그러므로 요한계시록을 마치 수수께끼 모음집이나 신학적인 루빅큐브처럼 여겨서는 안 된다. 오히려 요한은 이 책을 역사적 맥락에서 독자들(당시 권력자들에 의해 박해당하고 흔들리던 1세기의 신자들)에게 소망과 확신을 주기 위해 썼다는 점을 알아야 한다.

복음이 선포되었고, 하나님의 백성들은 예수님이 떠나셨지만 다시 오실 것을 절대적으로 확신하고 있었다. 그들은 승천하신 주이자 왕이신 예수님이 모든 환경을 완전히 통제하고 계시며, 그분의 뜻이 온 땅에 세워질 것이라고 믿었다. 그것이 그들의 확신이었다. 하지만 그들이 처한 환경은 그런 확신과 완전히 멀어 보였다. 그들이 서로에게 확신을 주고 친구와 이웃들과 믿음을 공유하는 일은 불가능해 보였다. 비웃는 자들도 넘쳐났다. 사실 사도 베드로는 믿는 자들에게 이미 이렇게 경고했다. "말세에 조롱하는 자들이 와서 자기의 정욕을 따라 행하며 조롱하여 이르되 주께서 강림하신다는 약속이 어디 있느냐 조상들이 잔 후로부터 만물이 처음 창조될 때와 같이 그냥 있다 하니"(벧후 3:3-4).

교회는 작았고 사면초가의 상황이었던 반면, 인간들의 제국은 점점 세력이 커지고 있었다. 박해의 강도는 더욱 심해졌고 악한 자들이 나타나 고통받는 그리스도인들에게 그들이 큰 착각에 빠진 거라고 암시했다. 그래서 그들은 예수님의 재림이 필요했다. 예수님이 오셔서 그들에게 예수님의 관점을 주시고 그들이 절망하거나 당황하거나 압도당하지 않게 해주시길 원했다. 그들은 예수님이 승리의 주이자 왕이라는 진리를 분명히 알아야 할 필요가 있었다. 예수님이 죽은 자 가운데서 부활하신 것은 그분의 권위와 그분의 진실함을 드러내는 것이었다. 그분은 하나님의 백성이 생명과 미래를 걸고 신뢰할 만한 분이었다.

지금도 계속해서 하나님의 백성을 억압하는 이 세상에서 요한계시록은 정확히 오늘날의 교회에 필요한 책이다. 경제적 암울, 물질적 착취, 도덕성과 개인적인 정체성의 문제가 사람들의 마음을 어렵게 하고 있지만, 요한의 메시지는 우리가 직면한 모든 도전과 문제를 푸는 데 우리 그리스도인의 신앙으로 충분하다는 사실을 상기시킨다. 환경 때문에, 믿음 안에서 확신한 것들이 아닐 수도 있겠다는 생각이 드는가? 이 확신을 가지라. 예수님은 살아나셨고, 예수님은 통치하시며, 궁극적으로 예수님이 승리하신다.

 요한계시록 1장 1-8절

1월 16일
어려운 날을 위한 원기회복

"여호와여 넉넉하오니 지금 내 생명을 거두시옵소서
나는 내 조상들보다 낫지 못하니이다 하고 로뎀 나무 아래에 누워 자더니
천사가 그를 어루만지며 그에게 이르되
일어나서 먹으라 하는지라"

(왕상 19:4-5)

산 정상을 기대했는데 영적 계곡에 빠진 자신을 발견한 적이 누구에게나 있다. 전혀 예상하지 못한 순간에, 혹은 육체적인 피로에 휩싸이거나 실망스러운 소식을 들었을 때, 끈질기게 붙어 다니던 죄가 다시 우리를 괴롭히는 상황이 찾아올 수 있다. 문제가 되는 상황들은 종종 한꺼번에 몰려와서 우리의 믿음을 두려움으로 바꿔놓는다.

엘리야 선지자는 어느 순간 그의 초점이 바뀌자 광야에 숨어있는 자신의 모습을 보게 되었다. 하나님을 통해 자신의 환경을 바라보기보다 환경을 통해 하나님을 바라보았다. 그러자 삶의 어려움이 너무 크게 보이기 시작했고 모든 것이 마비되었다. 그가 믿음 대신 보이는 것을 따라가자 그의 평화는 무너졌고 그의 영적 번영은 사그라졌다. 엘리야는 '자아'의 덫에 걸려들었다. 이스라엘의 수많은 실패에 집중하다 보니 하나님을 섬기는 자가 자기밖에 없다는 생각에 빠지고 말았다(왕상 19:10). 그의 믿음과 소망은 불만과 불안으로 대체되었다. 그는 자기 연민에 빠져 광야로 도망쳤다가 로뎀 나무 아래 누워서 죽기를 바랐다. 그러나 하나님은 이런 그를 판단하거나 야단치시기보다 그에게 오셔서 음식과 음료로 원기를 회복시키시며 남은 여정을 준비하게 하셨다. 주님은 부드러운 속삭임으로 낙담한 종에게 나타나 힘을 주셨고, 다시 임무를 맡기시며 새롭게 해야 할 일을 주셨다(왕상 19:4-16).

시험을 받는 동안 우리는 종종 자기 연민에 빠지곤 한다. 이런 곤경을 당한 건 자기밖에 없다고 생각한다. 우리 중에는 엘리야와 비슷한 경험을 한 사람도 있을 것이다. 과거에는 주께서 크게 사용하셔서 복음을 위해 영향을 끼쳤는데 무슨 이유에서인지 지금은 정상에서 멀어졌을 수 있다. 하나님은 때로 우리를 낮추실 수는 있지만 그곳에 그대로 내버려 두지는 않으신다. 엘리야가 광야에 있을 때 천사가 함께했던 것처럼 하나님의 영은 우리와 항상 함께하신다.

만약 지금 광야에 있다면 드러누울 로뎀 나무를 찾지 말라. 좋은 날이 다 지났다고 생각하지 말라. 하나님은 우리에게 목적을 갖고 계신다. 하나님은 그분이 시작하신 일을 완성하신다(빌 1:6). 하나님이 함께하신다는 진리로 힘을 회복하고 하나님께서 부르신 그 일을 계속하라.

 고린도후서 4장 7-18절

1월 17일
슬픔 속에 소망이 있다

"형제들아 자는 자들에 관하여는 너희가 알지 못함을 우리가 원하지 아니하노니
이는 소망 없는 다른 이와 같이 슬퍼하지 않게 하려 함이라
우리가 예수께서 죽으셨다가 다시 살아나심을 믿을진대
이와 같이 예수 안에서 자는 자들도 하나님이 그와 함께 데리고 오시리라"

(살전 4:13-14)

언젠가 우리는 사랑하는 사람이 이 세상을 떠나는 슬픔을 겪게 될 것이다. 문제는 슬퍼하느냐 마느냐가 아니라 '어떻게' 슬퍼하느냐다.

데살로니가 교인 중에는 예수 그리스도의 재림과 죽은 자의 부활에 대해 혼란스러워하는 사람들이 있었다. 그들은 제대로 이해하지 못했기에 고민했다. 예수님이 다시 오시기 전에 죽은 그리스도인들은 어떻게 되는가? 그 그리스도인들은 지금 어디에 있으며 장차 어떻게 되는가?

바울은 신자들에게 하나님의 백성과 "소망 없는 다른 이"의 차이를 설명하며 말하기 시작한다. 우리도 한때는 다른 사람들과 같은 처지였다. 우리는 "그리스도 밖에 있었고… 세상에서 소망이 없고 하나님도 없는 자"(엡 2:12)였다. 하지만 지금은 구원받았고 변화되었다. 우리는 소망 없음에서 소망으로 옮겨졌다. 이 변화가 우리에게 큰 격려가 되어야 한다. 우리를 "다른 이"들과 구별하는 것은 바로 이 살아있는 개인적인 믿음이다.

덧붙여서 바울은 "자는 자들"에 대해 언급하면서, 믿는 자에게 죽음은 일시적인 영향을 미칠 뿐이며 영원한 상태가 아니라고 강조한다. 그러나 잠의 비유는 죽음의 순간에 우리 몸에 일어날 일을 이해하는 데는 도움이 되지만, 그 영혼에 일어날 일 전체를 설명하지는 못한다. 우리는 영혼이 죽음과 부활 사이에서 무의식 상태로 있으리라고 생각해서는 안 된다. 예수님은 우리

가 죽은 후에 곧바로 행복이나 고통을 인지하게 될 거라고 분명히 가르치셨다(예를 들어 누가복음 16장 22-24절 참조). 또한 성경은 신자가 죽음을 통해 즉각적으로 더 가깝게, 더 풍성히, 더 완전하게 예수님을 경험하게 된다고 말한다(눅 23:42-43; 빌 1:21-24).

잠의 비유를 통해 죽음의 일시성에 초점을 맞추었다는 것은, 그리스도인이 죽음의 슬픔을 어떻게 이해해야 하는지 보여준다. 불신자들에게 죽음은 절망의 쓸쓸한 통곡이고 그 어떤 희망이나 진부한 표현으로 채울 수 없는 깊은 공허함일 뿐이다. 하지만 믿는 자들에게는 죽음이 슬프기는 하지만 언제나 숭고한 소망의 시편과 동반된다. 주께서 다시 오실 때 "자는 자들도 하나님이 그와 함께 데리고 오"실 것이다. 그리스도인의 장례는 영원한 작별 인사를 고하는 시간이 아니라 "다시 만나자!"라고 말하는 시간이다. 사랑하는 사람과 함께하지 못하는 시간은 일시적이며, 다시 만나는 시간은 영원할 것이다.

인생의 가장 난해한 문제가 우리를 절망시킬 때, 그 모든 일(죽음을 포함한)을 해석하는 데 하나님의 말씀으로 충분하다는 사실에서 위로를 받을 수 있다. 그러므로 오늘의 말씀을 마음에 새기고 외우라. 이 말씀이 필요한 날이 있을 것이다. 그리고 이렇게 기도하라. "주 예수님, 제가 성경을 배움으로써 더 이상 혼란과 불안에 살지 않고 주님과 함께 사는 사람으로서 당신의 지식으로 가득 차게 하소서. 그래서 슬픔 중에도 소망을 품고 살게 하소서."

 데살로니가전서 4장 13-18절

1월 18일
기도에 대한 열심

"다니엘이…
하루 세 번씩 무릎을 꿇고 기도하며
그의 하나님께 감사하였더라"

(단 6:10)

단기간의 헌신은 그리 어렵지 않다. 어려운 것은 훈련된 일관성이다. 그러나 그것이 영적 성장의 열쇠다.

수명이 짧게 끝나버리는 운동 프로그램, 성경 암송, 독서 계획, 새해 결심 등에서 작심삼일로 끝나는 우리의 헌신이 엿보인다. 시작은 잘하는데 얼마 못 가 포기하는 사람이 얼마나 많은가! 하지만 그에 못지않게 믿을 수 없을 정도로 일관되고 훈련이 잘된 사람들을 만나본 적이 있을 것이다. 그들은 매일 같은 시간에 개를 산책시키거나, 시계를 맞춰도 될 정도로 정확한 시간에 메일을 확인한다. 그들은 새로운 일에 착수하거나 새로운 기술을 배울 때 반드시 그 일을 완수하리라는 확신이 들도록 성실하게 임한다.

다니엘은 기도에 있어 이러한 훈련된 일관성을 보여주었던 사람이었다. 그의 삶은 금방 열정에 불탔다가 금방 타성에 젖어버리는 그런 삶이 아니었다. 그는 하기 좋든 싫든 반드시 기도했다. 어떤 날은 정말 기도하고 싶은 마음으로 일어나지만 어떤 날은 썩 내키지 않은 마음이 들 때도 있었을 텐데 그는 계속 기도했다. 그는 상황이 어떠하든 기도하고 또 기도했다. 이것이 훈련이다!

위기 상황이 다니엘의 훈련된 생활양식을 만든 것이 아니었다. 위기 상황은 그가 훈련되어 있음을 드러냈다. 다리오왕이 30일 동안 자신 이외의 다른 신이나 사람에게 기도하는 것을 불법화하는 칙령을 발령했을 때(단 6:7), 다니엘은 주님보다 왕에게 순종하는 것을 합리화할 수 있었다. 수년간 기도의 신뢰를 쌓았으니 한 달만 쉬겠다고 할 수도 있었다. 하지만 이런 생각은 그의 마음에 스치지도 않았던 것이 분명하다. 오히려 그는 "전에 하던 대로" 기도를 계속했다(단 6:10).

다니엘의 기도 생활과, 그가 당시 가장 막강한 힘을 가졌던 왕보다 이스라엘의 하나님께 순종하는 용기를 보여준 것 사이에는 분명한 연관성이 있다. 우리 주님도 "항상 기도하고 낙심하지 말아야 할 것"(눅 18:1)을 말씀하셨다. 하기 싫다고 기도를 잠깐 쉰다거나 여유 없이 대충 기도해서는 안 된다. 압박을 받을 때도 예수님을 위해 살고 싶다면 우리의 기도 생활은 일관되어야 한다. 기도를 우리 신앙의 좋은 보조제 정도로 여기는 것이 아니라, 가장 기본적인 요소로 여겨야 한다.

우리도 다니엘이 했던 것처럼 일관되게 기도에 열심을 내는 모습을 얼마든지 보일 수 있다. 규칙적인 훈련을 통해 어떤 상황에서든 기도하는 습관을 가질 수 있다. 매일 무슨 일이 있든지 하나님께 기도하고 감사하는 시간을 따로 떼어두겠는가? 하나님이 우리를 어디로 데려가시든, 우리에게 무슨 일을 허락하시든, 그분의 계획이 어떻게 펼쳐지든, 우리 기도가 멈추지 않게 하자.

 에베소서 3장 14-21절

1월 19일
다른 이름은 없다

"다른 이로써는 구원을 받을 수 없나니
천하 사람 중에 구원을 받을 만한 다른 이름을
우리에게 주신 일이 없음이라 하였더라"

(행 4:12)

시카고 외곽에 있는 노스웨스턴대학 근처에는 바하이교에서 세운 거대한 사원이 있다. 그것은 아홉 개의 포르티코(portico, 주로 대형 건물 입구에 기둥을 받쳐 만든 현관 지붕-역주)가 있는 거대한 구조물로, 각각의 포르티코는 아홉 개의 주요 세계 종교를 상징하며, 하나의 중앙 강당으로 이어져 있다. 이 건축물은 '진리'로 가는 많은 길이 있음을 보여주려는 의도로 세워졌는데, 바하이교는 진리란 어떤 하나의 교리나 인간, 혹은 단체에서 발견될 수 없다고 믿는다.

이런 사고방식은 사도 바울이 살던 당시의 문화적 환경과 크게 다르지 않다. 로마 제국은 매우 개방적이었고 폭넓게 사고하려는 의지가 강했으며 모든 종교를 수용할 준비가 되어 있었다. 사실 로마는 진리로 가는 길은 다양하다는 신념을 바탕으로 만신전을 세워 어마어마한 양의 우상과 신들을 보관했다. 그렇다면 어떻게 이런 다원적이고 개방적이며 다신론적인 문화에서 그리스도인들을 콜로세움의 사자 먹이로 줄 수 있었을까? 왜 네로 황제는 그리스도인들을 목표물로 삼아 그들의 몸을 태워 자신의 파티를 밝히는 횃불로 사용하기까지 했을까?

그 대답은 간단하다. 그리스도인들은 그리스도를 수많은 신 중의 하나로 보는 것에 전혀 동의하지 않았기 때문이다. 로마 문화는 그들을 참을 수 없었고 참으려 하지도 않았다. 예수님께 사형을 선고한 그 유대 법정에서 베드로와 요한이 용감하게 말했듯이, 그리스도인들은 예수의 이름 외에 다른 이름에는 구원이 없다는 진리를 고수했다. 1세기 로마 문화에서 그들이 이 믿음을 고백했을 때 그들은 모욕당하고 비난받고 때로는 죽음에 넘겨졌다.

다원주의는 모든 길이 동등하게 유효하다는 그들의 견해를 거부하는 사람들을 용납하지 않으며 그들에게 무자비하다. 약 2천 년이 지난 오늘날도 로마 제국과 그리 다르지 않은 환경이다. 영광 중에 다시 오실 그리스도와 무오한 성경과 삼위일체 하나님을 믿는 성경적 기독교는 다원주의 세상에서 공격의 대상이 된다.

하지만 세상이 무엇을 믿든지 간에, 예수님은 다른 거짓 신이나 종교 인물과 나란히 서실 수 있는 분이 아니다. 그분은 진리로 모아지는 하나의 포르티코를 훨씬 능가하는 분이다. 블레셋의 신 다곤이 여호와의 궤 앞에 엎드러져 부서졌던 것처럼(삼상 5:1-4), 모든 다른 신들은 아무것도 아님이 드러날 것이다. 이 메시지는 대중적이지 않을지라도 진리이다. 그리고 놀랍다. 십자가에 못 박히신 구세주가 없다면 우리가 영생에 이를 길은 전혀 없기 때문이다. 다른 모든 길은 그저 죽음으로 인도할 뿐이다. 언젠가 부처, 무함마드, 그리고 모든 다른 거짓 선지자들이 예수님의 발 앞에 무릎을 꿇고 하나님 아버지께 영광을 돌리며 예수가 주라고 선언하게 될 것이다. 그날이 올 때까지 이 진리를 굳게 붙들고 우리 모두에게 필요한 "길이요 진리요 생명"(요 14:6)이신 그분을 사람들에게 알리자. 로마 제국을 변화시킨 것은, 포기하거나 침묵하지 않고 요한과 베드로처럼 행했던 그리스도인들이었다. 하나님의 은혜로 우리도 이처럼 그들의 뒤를 따를 때 세상을 변화시킬 수 있다.

 사도행전 4장 1-22절

1월 20일
우리의 날들 계산하기

"우리에게 우리 날 계수함을 가르치사
지혜로운 마음을 얻게 하소서"
(시 90:12)

마르크 레비(Marc Levy)는 그의 책(*If Only It Were True*)에서 은행이 매일 아침 당신의 계좌에 86,400달러를 넣어준다고 상상해보라고 한다. 그 계좌의 잔액은 다음날로 이월되지 않고 얼마가 남았든지 사라져버린다. 당신이라면 어떻게 하겠는가? 당연히 한 푼도 남기지 않고 다 쓸 것이다!

그런 다음 그는 우리 모두에게 이런 은행이 정말로 있다고 강조한다. 그것은 시간이라는 은행이다. 매일 아침 우리는 86,400초를 받고, 밤이 되면 현명하게 쓰지 못한 시간들을 다 압수당한다. 잔액을 남길 수도 없고 수표를 발행할 수도 없다. 오직 하루치의 잔고로 살 수 있고 거기서 최고치를 끌어내야 한다.[24]

그리스도인들은 영생에 대한 확실한 소망이 있지만, 이 땅에서의 시간은 제한되어 있다. 그래서 시편 90편에서 모세는 우리에게 인간 존재의 덧없음과 하나님의 영원성이라는 빛 안에서 우리의 날수를 현명하게 세어 지혜를 얻으라고 말한다.

우리는 바쁜 문화 속에서 현재를 위해 사는 데만 너무 치중하고 있다. 그러다 보니 우리의 유한성과 죄와의 관계를 제대로 인식하지 못한다. 만약 죽음에 대한 답이 없는데 죽음을 두려워하고 싶지 않다면, 할 수 있는 최선은 그것을 무시하고 영원히 살 것처럼 사는 것이다.

그러나 우리는 예수 그리스도의 부활 속에서 죽음에 대한 답을 얻었기에 죽음을 두려워할 필요가 없다. 우리의 삶은 하나님의 섭리적 보살핌을 신뢰하고 증명할 수 있다. 하나님의 섭리적 보살핌이 있기에 우리 존재에 실체와 근거와 의미가 부여된다. 하나님께서 우리 마음과 생각에 이 진리를 깨닫게 하신다.

지혜롭게 우리의 날수를 세려면 하나님께서 오랜 시간에 걸쳐 우리의 내면을 변화시켜 주셔야 하고, 또 영원의 관점에서 시간을 사용하려는 우리의 의식적인 노력이 있어야 한다. 우리의 날수를 바르게 세기에 오늘보다 더 좋은 날은 없다! 우리는 마냥 이 나이에 머물러 있지 않을 것이다. 살아온 날들에 만족하며 깊은 지혜를 보여주는 윗세대 그리스도인들은, 그들의 인생의 황금기에 큰 노력을 기울였다. 그들이 보여준 본에 힘을 얻어 전도서의 인도를 따르자. "너는 청년의 때에 너의 창조주를 기억하라 곧 곤고한 날이 이르기 전에, 나는 아무 낙이 없다고 할 해들이 가깝기 전에"(전 12:1).

계좌에 있는 돈을 허비하고 싶지 않듯이 인생의 시간을 낭비하지 않겠다고 결심하라. 별로 중요해 보이지 않는 일상의 순간들을 소중히 여기고, 그 시간을 통해 우리 자신의 영혼과 주위 사람들을 변화시켜 주시기를 하나님께 구하라. 매 순간 그리스도께 의지하라.

 디모데후서 4장 1-8절

1월 21일
다른 곳에 속한 시민

"내가 여러 번 너희에게 말하였거니와 이제도 눈물을 흘리며 말하노니 여러 사람들이 그리스도의 십자가의 원수로 행하느니라 그들의 마침은 멸망이요 그들의 신은 배요 그 영광은 그들의 부끄러움에 있고 땅의 일을 생각하는 자라 그러나 우리의 시민권은 하늘에 있는지라 거기로부터 구원하는 자 곧 주 예수 그리스도를 기다리노니 그는… 우리의 낮은 몸을 자기 영광의 몸의 형체와 같이 변하게 하시리라"(빌 3:18-21)

"우리는 이곳에 속한 사람들이 아닙니다." 1세기에 그리스의 도시 빌립보 거주민들(그곳에서 태어난 사람들도 포함해서)이 했던 말이다. 그들은 빌립보에 살았지만 로마법의 지배를 받고 로마식 옷을 입으며 라틴어로 된 문서를 읽었다. 그들은 로마 시민들이었다. 온 도시가 로마처럼 보였다. 하지만 로마는 아니었다. 빌립보 시민들은 그리스에 있었지만 로마 시민처럼 살았다.

바울은 그리스도인이 되는 것도 이와 비슷하다고 말한다. 우리는 기독교의 수도에 살지는 않지만 그리스도인의 삶을 살고 있다. 알다시피 기독교의 수도는 워싱턴 D. C.나 런던이 아니다! 진정한 우리의 시민권은 하늘에 있다. 우리가 여기서 이방인으로서(소속되지 않은 사람들처럼) 살아갈 때 우리는 세상에서 구별된 삶을 살게 된다.

그리스도인으로서 우리에게 매일 주어지는 가장 큰 기회는 하루하루 살아가면서 세상과 다른 모습, 곧 본래 우리의 모습을 보여주는 것이다. 여기 출신이 아닌 하늘나라 시민으로서 살아가는 것이다. 우리는 "이봐요, 당신이 걷고 말하는 방식을 보니 당신은 뭔가 다르군요."라고 말하는 사람들을 만날 수 있어야 한다.

이는 자신의 인생을 생각할 때 다음과 같은 몇 가지 질문을 해야 한다는 의미다. 즉, 나는 무엇에 헌신하는가? 나를 움직이고 내 존재를 이끌어가는 것은 무엇인가? 남들 눈에 보이는 모습인가? 경력인가? 열정과 즐거움인가? 나는 무엇을 위해 사는가?

성경은 우리가 "죄악의 낙"을 누리며 산다면(히 11:25) 결국 죄악에 잡아먹히며, 생명을 갉아먹힐 거라고 경고한다. 우리는 미래의 영광을 기대하며 살아야 한다. 우리는 변화될 것이다. 우리는 그분의 "영광의 몸"과 같은 새 몸을 갖게 될 것이다. 그 천상의 몸은 죄나 이기적인 욕망이나 질병에 상하지 않을 것이다. 우리는 언젠가 본향에 갈 것이다. 얼마나 놀라운 일인가!

만약 사람들이 우리의 삶을 의아해하면서, 우리의 말을 통해 우리가 천국 시민이고 살아계신 하나님을 섬기고 있으며 우리의 삶이 완전히 변화될 본향에 가기를 고대하고 있음을 알게 된다면, 조만간 그들 중 몇몇은 우리에게 "너희 속에 있는 소망에 관한 이유"(벧전 3:15)를 물을 것이다.

그러므로 자신이 어디에 속한 자인지 기억하라. 만약 하나님과 복음의 영향력 아래 살아간다면 그리스도처럼 살고 싶을 것이다. 비록 "그리스도의 십자가의 원수"(빌 3:18)들 가운데서 살아가지만, 우리가 가진 하늘 시민권의 경이로움 때문에 우리는 늘 깨어있고 자비로울 수 있다. 그리스도께서 다시 오실 것이다. 그리고 그리스도께서 다시 오시는 그날 우리는 본향에 갈 것이다. 그날이 오늘이 아니라면, 오늘은 우리가 다르게 살 수 있는 또 한 번의 기회가 될 것이다. 그 기회를 어떻게 쓸 것인가?

 베드로전서 2장 9-17절

1월 22일
폭풍이 몰아칠 때

"큰 광풍이 일어나며 물결이 배에 부딪쳐 들어와 배에 가득하게 되었더라…
제자들이 깨우며 이르되
선생님이여 우리가 죽게 된 것을 돌보지 아니하시나이까 하니
예수께서 깨어 바람을 꾸짖으시며 바다더러 이르시되
잠잠하라 고요하라 하시니"(막 4:37-39)

인생을 어느 정도 살아온 사람들은 우리의 삶에 폭풍이 반드시 온다는 것을 안다. 때로는 뜬금없이 생각지도 못하게 직장을 잃기도 하고 암울한 진단을 받기도 한다. 사랑하는 사람을 잃기도 하고 헤어지는 슬픔을 맞이하기도 한다. 갈릴리 바다에서 폭풍을 만난 제자들처럼 우리도 가라앉는 배와 같이 이런저런 시련에 압도당할 수 있다.

예수님을 따른다고 해서 삶의 폭풍이 비켜 가는 것은 아니다. 하지만 하나님께서 폭풍 속에서도 우리를 붙드신다는 약속을 알기에 우리는 안심할 수 있다. 하나님은 우리 마음을 진정시키실 뿐 아니라 그 폭풍마저도 잠잠하게 하신다.

폭풍이 오면 우리는 하나님을 의심하려는 유혹을 종종 받는다. 제자들은 예수님의 기적을 직접 보았는데도 예수님께 의문을 품었다. 그들은 예수님을 보았고 그분과 매일 식사도 함께했다. 그러나 폭풍이 왔을 때 그들은 그분이 누구신지 무슨 일을 하실 수 있는지 다 잊은 사람들처럼 불신에 빠져 허둥거렸다. 우리도 종종 그러지 않는가? 난기류를 만나면(삶의 바람과 파도가 일면) 의심과 연약함이 불쑥 튀어나오고 우리 안에 거하시는 분이 누구신지 그분이 무슨 일을 하실 수 있는지 다 잊어버린다.

하나님은 폭풍이 오지 못하게 막지는 않으신다. 그 대신 폭풍 속에서도 일

하시고 폭풍을 다스리신다. 예수님은 폭풍이 일 때 제자들과 함께 계셨을 뿐 아니라 폭풍을 잔잔하게 하셔서 그분의 능력을 보여주셨다. 그분이 바로 바다를 만드신 하나님이셨다. 그러니 바다가 그분께 문제가 되겠는가? 우리에게도 마찬가지다. 소망이 없고 대처할 수 없어 보여도 모두 그분의 계획 안에서 일어나는 일이다. 어려움과 두려움과 고통이 지속될 때에도, 우리는 그분이 우리에게 "모든 지각에 뛰어난 하나님의 평강"(빌 4:7)을 주시고 우리를 고요한 곳으로 데려가실 것(이 삶에서든 죽음의 마지막 관문을 통과한 이후든)을 신뢰할 수 있다.

그러므로 문제는 '우리 삶에 폭풍이 올 것인가?'가 아니다. 폭풍은 반드시 온다. 우리는 이렇게 물어야 한다. "폭풍이 올 때, 나는 예수 그리스도께서 그것을 다루실 수 있다고 믿고 그분께 맡길 것인가?" 그분은 우리 마음을 덮은 의심의 구름을 걷어내실 수 있다. 그분은 상한 마음을 고치시고 사랑을 갈망하는 우리의 마음을 만족시키실 수 있다. 그분은 상한 심령을 회복시키실 수 있다. 염려하는 영혼을 안심시키실 수 있다.

우리가 예수님을 우주의 창조주, 바다를 잠잠하게 하시는 분, 모든 것을 붙들고 계시는 분으로 바라볼 때, 폭풍이 잠잠해지는 역사를 경험할 것이다.

 마가복음 4장 35-41절

1월 23일
주님의 일

"또 무엇을 하든지
말에나 일에나 다 주 예수의 이름으로 하고
그를 힘입어 하나님 아버지께 감사하라"

(골 3:17)

오늘 우리에게는 해야 할 일이 있다.

고린도전서에서 사도 바울이 디모데를 따듯하게 환영하라고 교회에 부탁한 것은, 디모데가 어떤 명예나 칭호를 얻어서 이름을 알리려고 했거나 주목받는 사람이 되고자 했기 때문이 아니었다. 그저 디모데가 "주의 일을 힘쓰는 자"(고전 16:10)였기 때문이었다.

주의 일은 하나님을 기쁘시게 하려는 마음으로 하는 일이기에 다른 사람에게 잘 보이기 위해서가 아니라 하나님을 위해서 해야 한다(골 3:23). 이는 그리스도의 몸 된 교회 안에서 일할 때나 세상에서 일할 때나 마찬가지다.

바울은 의도적으로 본문 17절에서 "무엇을 하든지"라는 표현을 넣었다. 그리스도인의 섬김에서 "무엇을 하든지"라는 말은, 우리가 하는 모든 노력이 성령의 도움을 받아 복음을 효과적으로 드러내는 일이 되어야 한다는 의미다. 이웃을 돕든, 교회에 오는 사람들을 맞이하든, 공동체에서 자원봉사를 하든, 모든 섬김은 다른 사람에게 우리 주님을 알리는 기회가 되어야 한다. 우리가 이 자리에 있는 것은, 믿지 않던 사람들이 예수 그리스도의 헌신적인 제자가 되는 것을 보는 특권을 누리기 위함이 아니겠는가!

그리스도의 몸 안에서 우리의 영적 성장은 다른 사람들이 주님을 섬긴 결과임을 알아야 한다. 바울은 고린도 교인들의 성장은 자신이 그리스도의 이름을 위해 애쓴 결과라고 보았는데, 바른 시각이었다. "주 안에서 행한 나의 일이 너희가 아니냐"(고전 9:1). 고린도에 교회가 세워진 것은 사도가 주의 일을 했기 때문이다. 바울은 무관하지도 않았고 탁월한 것도 아니었다. 다만 그는 하나님의 목적에 따라 특별한 책임을 맡았을 뿐이다.

우리는 그리스도인으로서 그저 앉아서 배우기만 하라고 부름받은 것이 아니다. 자라고, 나아가고, 사람을 낚고, 먹이는 일을 하도록 부름받았다. 하나님은 모든 신자에게 기독교 사역과 섬김 안에서 각자에게 맞는 책임을 주신다. 그리고 그 책임은 오늘 우리에게 어떤 환경이 펼쳐지고 어떤 기회가 찾아오든 하나님을 위해 일하는 것을 포함한다. 그 환경과 기회는 우연히 오는 것이 아니라 하나님이 정하신 것이기 때문이다. 바울은 하나님의 부르심에 순종함으로써 훌륭한 본을 보여주었다. 그는 하나님의 이름을 "이방인과 임금들과 이스라엘 자손들에게 전하기 위하여" 택함받은 그릇으로 자신을 인식했다(행 9:15).

바울은 주님의 일을 진지하게 받아들였다. 우리도 그래야 한다. 우리는 어디에 있든 하나님을 높이도록 부름받았다. 매 순간 자신에게 "예수님은 내가 여기서 무엇을 하기 원하실까? 어떻게 해야 그분의 이름을 찬양하고 그분을 기쁘시게 할 수 있을까?"라고 묻는다면, 생각하는 방식과 하는 일이 어떻게 달라질지 생각해보라. 오늘, 우리에게는 그분을 위해 일할 특권이 있다.

 시편 127편

1월 24일
주시는 분에게 돌려드리기

"나와 내 백성이 무엇이기에
이처럼 즐거운 마음으로 드릴 힘이 있었나이까
모든 것이 주께로 말미암았사오니
우리가 주의 손에서 받은 것으로 주께 드렸을 뿐이니이다"

(대상 29:14)

얼마 전 우리 교회 직원 중 한 명이 교회 건물 내 모든 물건에 '파크사이드 교회 물건'이라고 적힌 스티커를 붙이기로 했다. 처음에 나는 물건을 훔치려던 사람이 그 스티커를 보고 다시 돌려놓을 거라고 정말로 기대하는 건지 의아했다. 전혀 소용없어 보이는 행동 같았다. 하지만 얼마 안 가 정말 물건들이 없어지지 않는 것을 보면서 '이것은 교회의 소유물이다!'라고 말하는 작은 스티커가 굉장한 힘을 갖는다는 것을 알게 되었다.

하나님이 주인이시고 은혜로 채워주신다는 사실을 말하는 내용은 성경 전체에 가득하다. 다윗왕은 성전을 지을 계획을 세우면서 분명하고도 겸손하게 하나님의 공급하심을 인정했다. 그는, 피조물인 우리는 창조된 세상에서 창조주로부터 이미 받은 것만을 창조주께 드릴 수 있음을 알았다. 신약에서 사도 바울도 이렇게 기록한다. "네게 있는 것 중에 받지 아니한 것이 무엇이냐 네가 받았은즉 어찌하여 받지 아니한 것 같이 자랑하느냐"(고전 4:7).

다윗의 말은 하나님의 백성에게 있어 새로운 통찰이 아니었다. 수 세대 전에 이스라엘 백성이 성막을 지으려고 준비하고 있을 때, 모세는 이스라엘 백성에게 이렇게 지시했다. "너희의 소유 중에서 너희는 여호와께 드릴 것을 택하되"(출 35:5). 그들은 무엇을 소유했는가? 모두 창조주가 주신 것들이었다. 그들이 애굽을 탈출할 때 구원자가 그들에게 허락하셨던 것들이었고(출

12:35-36), 그들의 삶을 유지하시는 분이 가르치신 것들이었다(출 35:30-35).

스티커를 붙인 교회 물건들처럼, 우리도 우리가 가진 모든 것(실제로는 창조된 모든 것)에 하나님 소유라는 도장이 찍혀있음을 알아야 한다. 20세기 초 네덜란드 수상이었던 유명한 신학자 아브라함 카이퍼(Abraham Kuyper)는 이렇게 말했다. "우리 인간 존재의 모든 영역에서 **모든 것**을 주관하시는 그리스도께서 '내 것!'이라고 외치지 못할 영역은 하나도 없다."**25**

이런 관점은 우리 시대 문화의 관점과는 매우 다르다. 이 시대의 문화는 두 가지 거짓된 개념에 편향되어 있다. 하나는 우리가 스스로 생겨난 사람들이라는 개념이고, 또 하나는 지구상의 모든 것(우리를 포함해서)이 신이라는 개념이다. 그러나 성경은 그렇지 않다고 말한다. "땅과 거기에 충만한 것과 세계와 그 가운데에 사는 자들은 다 여호와의 것이로다"(시 24:1).

하나님은 우리가 자신이 가진 모든 것이 하나님에게서 온 것임을 기억하면서 겸손하게 행하기를 원하신다. 우리는 이렇게 선포해야 한다. "나는 하나님의 소유다!" 우리가 하나님께 드릴 수 있는 것은 이미 하나님의 소유다. 그러므로 하나님의 은혜에 반응하여 돈과 시간, 재능을 하나님께서 인도하시는 대로 기꺼이, 그리고 후하게 드리라.

 고린도후서 8장 1-15절

1월 25일
은혜 안에 머물라

"그 중에… 헬라인에게도 말하여 주 예수를 전파하니…
수많은 사람들이 믿고 주께 돌아오더라
예루살렘 교회가 이 사람들의 소문을 듣고 바나바를 안디옥까지 보내니
그가 이르러 하나님의 은혜를 보고 기뻐하여
모든 사람에게 굳건한 마음으로 주와 함께 머물러 있으라 권하니"(행 11:20-23)

"하나님은 신비한 방식으로 움직이시며 그분의 기적을 행하신다."[26] 초대 교회 시대에 복음이 더 멀리 더 빠르게 전파될 수 있었던 것은 당시 지상의 유일한 교회였던 예루살렘 성도들이 받은 박해 때문이었다. 이 첫 그리스도인들이 그들의 도시에서 도망쳐야 할 상황이 없었더라면 복음 전파는 일어나지 않았을 것이다. 신자들이 베니게, 구브로, 안디옥 같은 도시들로 흩어지면서 복음은 "헬라인"(그리스인)에게 전파되었고 수많은 사람이 믿게 되었다.

그러나 이 이방인 회심자들의 소식이 예루살렘 교회에 다시 전해졌을 때, 즉시 환영받지는 못했다. 그때까지만 해도 복음 전파는 거의 유대인들 사이에서만 있었다. 그러다가 이제 그리스인들도 그리스도인이 되었다는 말이 전해진 것이다. 이것은 교회가 직면한 낯선 상황이었다. 그들은 전혀 준비되어 있지 않았다. 이게 도대체 무슨 일인가? 이 일에 웃어야 하는가, 아니면 울어야 하는가? 이런 일을 처리하도록 누구를 보내야 할까?

그들이 바나바를 보내기로 결정한 것은 놀랄 일이 아니다. 교회 안에 있는 모든 사람이 이런 새롭고 색다른 일을 대처할 수 있는 것은 아니다. 그러나 바나바는 격려하는 사람이었고 (비록 놀랍고 생소한 일일지라도) 사람들 안에서 일어난 하나님의 구원 역사를 알아볼 수 있는 사람이었다(참조. 행 9:26-28). 당연하게도 바나바는 지금 일어난 일이 주님이 하신 일임을 알아봤고, 하나님

의 은혜가 드러난 것을 기뻐하며 이 새로운 그리스도인들을 격려했다. 그는 굳건한 마음으로 주와 함께 머물라고 조언했는데 지금 우리에게도 참 필요한 말이다.

이 방법으로만, 혹은 저 장소에서만 하나님이 일하신다고 고집하면서 하나님의 영을 우리의 작은 콘크리트 참호 안에 가두려 한다면 다시 생각해보아야 한다. 하나님이 계속해서 그분의 왕국을 확장하시며 우리가 전혀 예상치도 못했던 사람들에게 당신의 영을 부어주신다면, 우리에게도 바나바와 같은 열정으로 응답할 기회가 주어진 것이다. 복음의 메시지는 변하지 않지만, 세상과 시대는 계속해서 변한다. 하나님은 계속해서 "각 나라와 족속과 백성과 방언에서"(계 7:9) 사람들을 부르신다. 하나님은 우리의 기대를 뛰어넘으신다. 우리가 전혀 예측하지 못한 방식으로, 우리와 전혀 다른 시간대에서 일하신다. 하나님이 이렇게 하실 때 우리는 바나바처럼 응답할 준비가 되어 있어야 한다. 하나님의 새로운 일을 기뻐하면서 "성령과 믿음이 충만한 사람"(행 11:24)으로서 그 일에 동참하고, 다른 사람들이 지속적으로 하나님의 은혜를 받을 수 있도록 격려해야 한다.

 사도행전 10장 1-48절

1월 26일
일이 내 마음대로 되지 않을 때

"너희는 모든 악독과 노함과 분냄과 떠드는 것과
비방하는 것을 모든 악의와 함께 버리고"
(엡 4:31)

우리 대부분은 삶이 우리 뜻대로 되지 않는다고 생각하며 아침에 눈을 뜨는 경험을 해보았을 것이다. 아마 오늘이 그런 날이었을 수도 있다. 육체적으로, 정신적으로, 관계적으로, 재정적으로 심지어 영적으로 특별히 어려운 날들을 지나고 있을지 모른다. 그 결과, 삶에 환멸을 느끼고 있을지도 모른다. 이럴 때는 어떻게 해야 하는가?

도움이 될 만한 출발점이 있다. 영적 어려움을 야기하는 세 가지 원인으로부터 보호해달라고 하나님께 요청하는 것이다. 그것은 억울한 마음, 분노, 자기연민이라는 '침묵의 살인자들'이다. 이 세 가지는 천천히 우리 믿음을 옥죄어서 우리가 원하는 것을 가진 사람들에게 시기와 악독을 품게 할 것이다. 그러므로 우리가 처한 상황에서(아마도 우리 자신과 하나님만 아는 상황일 것이다) 거친 마음이 아닌 따스한 심령으로 반응하기 위해서는 하나님의 도우심이 필요하다.

바울은 에베소 교인들에게 보낸 편지에서 억울한 마음과 분노와 화를 버리라고 권고(사실상 명령)한다. 행하는 것보다 말하는 것이 더 쉽긴 하지만, 바울의 명령 자체는 아주 단순하다. 사실 하나님의 말씀에서 우리가 순종할 수 없는 명령(아무리 어려워 보여도)은 하나도 없다. 하나님은 항상 그분이 명하신 것을 행할 수 있도록 우리에게 힘을 주시기 때문이다. 만약 하나님이 무언가를 버리라고 말씀하신다면, 분명 우리 삶에 성령님의 능력을 부어주셔서 우리가 그분의 명령을 행하게 하실 것이다. 억울한 마음과 분노와 자기 연민에 가득 차 있다면 우리 자신에게 문제가 있는 것이다. 절대로 하나님께 책임을 돌릴 수 없다.

한나는 독소를 가진 이 세 가지 감정을 합리화할 수 있는 상황에 있었다. 그녀의 이야기는 사무엘상 첫 부분에 나온다. 그녀는 임신하지 못한 채 한 달 한 달 지날 때마다 괴로워했고 남편의 다른 아내가 보내는 조롱과 하나님이 그 여자에게 주신 아이를 보는 괴로움을 견뎌야 했다. 하지만 그녀는 좌절과 슬픔을 가진 채 선한 일을 했다. 기도한 것이다. 그녀는 하나님께 자신의 마음을 쏟아냈다. 그리고 하나님이 자신의 기도를 들으셨다고 믿고 평화롭게 물러났다. 비록 그때 그녀는 여전히 임신하지 못한 상태였고 그녀의 환경도 그대로였지만 그녀의 영은 하늘 아버지로 인해 자유로워졌다.

하나님은 한나를 억울함과 분노와 자기 연민이라는 침묵의 살인자로부터 보호하셨다. 하나님은 우리도 그와 같이 보호하실 것이다. 우리는 상황을 자기 뜻대로 풀고자 밤잠을 설칠 필요가 없다. 다음에 또 똑같은 상황을 만나더라도 낙담해서 주저앉을 필요가 없다. 오히려 우리는 이런 일들을 통해 마음에 일어나는 질문과 이해되지 않는 상황을 하나님께 맡기는 연습을 할 수 있다. 우리의 질문과 상황이 있어야 할 곳은 바로 하나님 앞이다.

 사무엘상 1장

1월 27일
그분은 상한 갈대를 위해 오셨다

"상한 갈대를 꺾지 아니하며
꺼져가는 등불을 끄지 아니하고
진실로 정의를 시행할 것이며"

(사 42:3)

고대의 위대한 정치 지도자들은 통치하기 위해 힘에 의존했다(오늘날에도 많은 사람이 그럴 것이다). 페르시아의 왕 키루스 대제는 토기장이가 진흙을 밟듯이 백성들을 짓밟고(참조. 사 41:25) 사람들을 흔적도 없이 제거해버렸다고 전해진다. 그러나 같은 시기에 이사야는 당시 통치자들과는 전혀 다른 종이 올 것을 예언했다.

종이신 예수님은 온유하시고 부드러우시며 친절하시다. 사람들이 거부하고 버리는 자들을 그분은 기꺼이 사용하시며 또 사용하실 수 있는 분이다. 얼마나 격려가 되는가!

우리는 상한 갈대의 비유에서 우리를 향한 예수님의 온유함의 의미를 알 수 있다. 상한 갈대는 기댈 수도 없고 그것으로 음악을 연주할 수도 없다. 그러나 예수님은 사람들이 버린 자들을 들어서 그들의 삶을 통해 아름다운 멜로디를 만드신다. 어쩌면 오늘 우리는 누군가가 한 행동 때문에 마음이 상했을 수 있고, 혹은 과거의 실수 때문에 상처를 입어 무거운 마음일 수 있다. 자신이 망가졌고 쓸모없어졌다고 믿고 싶은 유혹이 들지도 모른다. 하지만 놀라운 소식이 있다. 하나님의 종은 상한 갈대를 드신다. 아주 조심스럽게.

예수님은 또한 꺼져가는 심지도 사용하신다. 그냥 꺼버리지 않으신다. 오히려 꺼져가는 심지를 밝게 타오르게 하신다. 어쩌면 당신은 이제 좋은 날은

다 지났다고 믿고 있을지 모른다. 자신이 힘없이 사그라드는 오래된 촛불 같다고 느낄지도 모른다. 아직까지 해결되지 못했으니 더는 소망이 없다고 생각할지도 모른다. 그러나 다시 말하지만 좋은 소식이 있다. 꺼져가는 심지 같은 이들이 하나님의 종으로 인해 소망을 발견할 것이다. 그분이 그들을 다시 불타오르게 하실 것이다.

예수님은 별 볼 일 없어 보이는 사람들, 상한 갈대나 꺼져가는 등불 같은 사람들에게 관심이 있으시다. 그분은 이들을 구원하시고 사용하셔서 세상을 밝게 비추시고 그분의 이름을 찬양하게 하신다. 사실 어떤 면에서 우리는 모두 상한 갈대이자 꺼져가는 등불이다. 그러니 우리가 처한 상황을 겸허히 인정하고 그 종의 온유함과 친절함을 알아가지 않겠는가?

> 그분은 결코 꺼져가는 등불을 끄지 않으시고
> 다시 활활 타오르게 하신다.
> 그분은 결코 상한 갈대를 꺾지 않으시고
> 가장 비열한 이름도 경멸하지 않으신다.²⁷

 누가복음 7장 11-17절

1월 28일
하나의 이름 이상

> "하나님이 모세에게 이르시되
> 나는 스스로 있는 자이니라
> 또 이르시되 너는 이스라엘 자손에게 이같이 이르기를
> 스스로 있는 자가 나를 너희에게 보내셨다 하라"
>
> (출 3:14)

어떤 문화권에서는 이름이 별로 중요한 의미를 갖고 있지 않다. 그래서 발음하기 좋거나 자신의 가문에서 중요하게 여기는 이름을 선택하기도 한다. 하지만 어떤 문화권에서는 이름 자체에 중요한 의미를 담는다. 그 이름의 의미는 그 이름을 가진 사람에 대해 말해주기도 하고 그 사람에게 거는 소망을 담기도 한다.

모세가 불타는 떨기나무에서 하나님을 만났을 때 그는 "내가 이스라엘 자손에게 가서 이르기를 너희의 조상의 하나님이 나를 너희에게 보내셨다 하면 그들이 내게 묻기를 그의 이름이 무엇이냐 하리니 내가 무엇이라고 그들에게 말하리이까"(출 3:13)라고 물었다. 하나님이 모세에게 알려주신 이름은 '야훼'(YHWH, '스스로 있는 자'로 번역된다)인데, 모음 없이 자음 4개로 이루어져 있다. 이 자음들은 발음하기가 거의 불가능한, 말할 수 없는 이름이다.

하나님은 이렇게 대답하면서 무엇을 하고 계셨을까? 모세는 이스라엘 백성과 바로에게 내보일 권위 있는 이름을 요청했는데, 하나님은 이 발음할 수 없는 이름을 주셨다. 마치 이렇게 말씀하시는 것 같다. "내가 누구인지 온전히 담아낼 수 있는 이름은 없다. 그러니 그들에게 '스스로 있는 자'가 너를 보냈다고 말해라. 바로에게 내가 내 백성을 위해 무슨 일을 하는지 잘 지켜보라고 해라. 그러면 내가 누구인지 알게 될 것이다."

성경은 하나님의 구원 역사에 관한 이야기이자 하나님의 성품이 펼쳐지는 이야기다. 그런데 많은 이들은 성경을 읽으면서 적용 질문을 하는 데에만 능숙하다. "이것이 나와 무슨 관련이 있으며 어떻게 적용해야 할까? 이것이 나에게 무슨 의미가 있을까?" 잘못된 질문은 아니지만, 가장 먼저 물어야 할 질문이 아니다. 이 이야기의 주인공이자 이 책의 주제는 하나님이시다. 그러므로 우리가 모든 성경 구절에서 가장 먼저 질문할 것은 "이것이 하나님에 대해 무엇을 말해주는가?"이다. 성경은 하나님이 다루시는 문제와 하나님의 성품, 하나님의 영광을 드러내기 위해 쓰였다.

매주 교회에 오는 사람들 다수가 경제, 관계와 같은 자신이 직면한 문제에 관한 잡다한 일화나 영감을 듣고 얻기를 기대한다. 신자들을 위한 이런 종류의 지침서들이 요즘처럼 많이 쏟아져 나온 때가 또 없을 것이다. 하지만 우리는 정말로 어떻게 지내고 있는가? 모든 일을 어떻게 해야 하는지 아는 것처럼 보이지만 정작 하나님이 누구신지는 모른다!

모세는 하나님이 명하신 일을 하기 위해 먼저 하나님이 누구신지 알아야 했다. 하나님은 하나의 이름 그 이상이라는 것을 알아야 했다. 우리가 성경을 읽고 "하나님에 대해 무엇을 알 수 있을까?"를 질문할 때 인생은 변화된다. 하나님이 행하신 일을 보고 그분이 누구신지를 이해할 때 우리는 점점 더 그분을 경외하고 사랑하게 된다. 그런 후에야 하나님이 주신 소명을 성취하며 하나님이 원하시는 삶을 살 수 있다. 우리는 말로 다 할 수 없는 경이로운 하나님의 영광의 깊이를 전부 측량할 수는 없지만 그분을 더욱 알아가며 영원을 보낼 것이다. 오늘 그분의 말씀을 읽을 때부터 그 일은 시작될 수 있다.

 출애굽기 3장 1-22절

1월 29일

정의가 충족되다

"곧 우리가 원수 되었을 때에
그의 아들의 죽으심으로 말미암아 하나님과 화목하게 되었은즉
화목하게 된 자로서는 더욱 그의 살아나심으로 말미암아
구원을 받을 것이니라"

(롬 5:10)

하나님은 선물만 나눠주고 다른 것에는 별로 관심이 없는 친절한 할아버지나 산타클로스가 아니다. 그분은 거룩하고 의로운 분이시다. 그래서 인간은 자기 죄 때문에 하나님으로부터 소외될 수밖에 없다. 인간과 창조주 사이에 적대감이 존재한다. 이는 확실히 편한 주제는 아니다. 하지만 하나님은 그 적대감을 못 본 척 넘어가지 않으신다. 이전에도 앞으로도 절대 안 그러실 것이다. 성경은 죄에 대해 하나님이 어떤 마음을 가지시는지 매우 분명히 말한다. 바울은 죄가 우리를 하나님에게서 분리시켰다고 명확히 하면서 인간을 하나님의 원수라고 표현했다. 이는 시편 기자의 말을 떠올리게 한다. "주는 모든 행악자를 미워하시며"(시 5:5). 유쾌하지도, 쉽게 이해되지도 않는 메시지다.

그렇다면 우리의 소망은 어디에 있는가? 우리는 어떻게 하나님과 화해할 수 있는가? 하나님은 어떻게 죄인이 마땅한 벌을 받으면서도 용서받을 수 있게 하시는가?

오, 우리 하나님의 사랑이 넘치는 지혜!
모두가 죄와 수치에 쌓여있을 때
두 번째 아담이 싸우고 구원하기 위해 오셨네.[28]

예수님은 십자가에서 죽으심으로 하나님의 정의를 만족시키셨다. 예수님은 하나님의 율법을 완벽하게 순종해야 하는 우리의 의무와 그렇게 하지 못한 우리의 법적 책임을 모두 떠맡으셨다. 그런 다음 그분의 죄 없는 삶을 통해 우리의 의무를 만족시키셨고 십자가 위에서 죽으심으로 우리의 법적 책임을 무효화하셨다. 우리가 하나님을 떠나 죄악 속에 있을 때도 하나님은 우리를 포기하지 않으셨다. 오히려 당신의 아들을 통해 우리에게 오셔서 화해하셨다. 이것이 진정 믿을 수 없는 소식으로 들리지 않는다면, 아직 우리 죄의 심각성과 하나님의 심판의 실재성, 그리고 우리 구원의 크기를 하나도 제대로 이해하지 못하는 것이다.

잠시라도 그리스도인으로 지낸 사람들에게는 이 소식이 익숙해서(무시한 것은 아니더라도) 그저 안주하기 쉽다. 하지만 그리스도의 죽음은 우리 믿음의 입구가 아니라 우리 믿음의 본체다. 그러므로 오늘, 두 번째 아담이시며 완벽한 인간이신 예수님을 바라보자. 그분은 첫째 아담이 실패한 곳에서 승리를 거두셨다. 사탄을 무찌르고 타락의 모든 결과를 뒤집으셨다. 이것이 복음이다. 우리의 죄는 용서받았고 우리는 구출되었다. 우리는 하나님의 원수에서 친구의 자리로 옮겨졌다. 그리스도께서 우리의 확신이고 평화이며 생명이시다.

그리스도 안에 있다는 현실은 사소한 일이 아니다. 정말 놀라운 보증이다. 우리가 죄 앞에서 무력했을 때, 그리스도의 능력이 우리를 해방했다. 우리가 큰 빚을 갚을 힘이 없을 때, 그분이 십자가 위에서 그 빚을 대신 지셨다(벧전 2:24). 우리는 이제 천국에서 그분과 함께 앉는다. 우리가 아무리 큰 성공을 해도 그분이 주신 성공에 비하면 아무것도 아니다. 또한 어떤 싸움이나 실패도 그 성공에서 우리를 끌어내릴 수 없다.

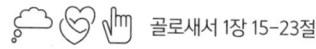 골로새서 1장 15-23절

1월 30일
그분의 임재로 보호받다

"여호와께서 요셉과 함께 하시므로
그가 형통한 자가 되어"

(창 39:2)

하나님이 우리를 두신 장소보다 하나님을 섬기기에 더 좋은 장소는 없다.

단점 없는 직업이 없고 흠 없는 가족이 없으며 문제없는 환경도 없다. 완벽은 천국에만 있다는 사실을 잊은 채 이상적인 삶을 계속해서 찾는 사람들은 자주 실망할 수밖에 없을 것이다.

요셉이 경험한 환경들이 이상적인 것은 아니었다고 말한다면 너무 절제된 표현일 것이다. 그는 태어나서는 아버지의 특별한 사랑을 받았지만 그 후 노예 상인에게 팔리고 말았다. 안전한 가족 대신 노예의 족쇄가 그를 사로잡았다.

요셉과 같이 우리도 시간이 지나면서 환경이 바뀌는 것을 경험한다. 오래 살던 집에서 떠나기도 하고, 사랑하는 이가 고통을 당하기도 하며, 경제적인 어려움이나 건강 문제가 갑자기 덮쳐오기도 한다. 하지만 요셉만큼 갑작스러운 추락을 경험하는 사람은 별로 없다(만일 요셉과 같은 경험을 하고 있는가? 그렇다면 나와 비슷한 사람들의 삶에 하나님이 개입하신 이야기가 성경에 기록되어 있으니 얼마나 격려가 되는가!). 요셉은 도망가고, 숨고, 포기하고, 적대적이 될 모든 이유가 있었지만, 하나님이 모든 골짜기마다 그와 함께하셨다.

요셉은 환경'으로부터' 보호받지는 못했다. 하지만 그가 처한 환경 '안에서' 하나님의 임재로 인해 보호받았다. 여기에 우리를 위한 교훈이 있다. 우리를 보호하는 것은 우리의 회복력이나 지식이나 지혜가 아니다. 하나님의 종은 하나님의 임재로 보호받는다. 하나님께 우리 상황을 바꿔주시고 큰 어려움을 없애주시며 시련을 넘어가게 해달라고 간구하는 것은 자연스러운 일이다. 우리는 환경을 보면서 '절대 이런 걸 기대하지 않았는데!'라고 생각한다. 그리고 그 상황에서 벗어나거나 문제가 해결되면 모든 것이 잘될 거라는 거짓말을 믿기 시작한다. 하지만 진실은, 우리가 어디로 가든 문제는 있으며 이 세상에서 완벽을 찾지는 못한다는 것이다. 시편 기자가 말했듯이, 우리의 유일하고 진정한 피난처는 주님 안이다(시 11:1).

하나님은 요셉의 삶을 다르게 정하실 수도 있었다. 하지만 하나님은 그 사건들이 그대로 일어나게 하셨다. 하나님은 그분의 종이 "많은 위험과 시련과 유혹을 통과하게"²⁹ 하셨다. 하나님은 요셉이 주인의 집에서 중요한 인물이 되었을 때뿐 아니라 그가 노예 행렬에서 걷고 있을 때, 그리고 노예 시장에 앉아있을 때도 그와 함께 계셨다. 그 주님은 우리와도 함께하신다. 정말로 주님은 우리에게 이렇게 약속하신다. "내가 세상 끝날까지 너희와 항상 함께 있으리라"(마 28:20). 골짜기를 지날 때도 산꼭대기에 있을 때도 주님은 함께하신다. 오늘 하나님이 우리에게 어떤 상황을 주셨는가? 하나님이 그곳에 함께 계시며, 그곳에서 내가 할 수 있는 좋은 일이 있다는 것을 안다면, 내가 선택했든 아니든 그 상황을 바라보는 시각이 달라지지 않겠는가?

 빌립보서 4장 4-13절

1월 31일
부끄러워하지 말라

"…너는 내가 우리 주를 증언함과
또는 주를 위하여 갇힌 자 된 나를 부끄러워하지 말고
오직 하나님의 능력을 따라 복음과 함께 고난을 받으라
하나님이 우리를 구원하사 거룩하신 소명으로 부르심은…"

(딤후 1:8-9)

주님과 주님의 종들과 주님의 메시지를 부끄러워하기는 참 쉽다. 그래서 디모데와 우리에게 "부끄러워하지 말라!"고 권면하는 바울의 말은 큰 도전이 된다.

종교와 하나님과 영성에 대한 막연한 이야기는 서구 문화에서 대체로 용인된다. 복음과 느슨하게 일치하는 것처럼 보이는 온갖 모호한 진술들을 우리는 종종 듣고 읽는다. 하지만 사회적 기준으로 용인되지 않는 것이 있는데, 오직 예수 그리스도 안에만 구원이 있다는 명확한 선언이다. "다른 이로써는 구원을 받을 수 없나니 천하 사람 중에 구원을 받을 만한 다른 이름을 우리에게 주신 일이 없음이라"(행 4:12). 베드로의 이러한 주장을 우리도 하려면, 바울이 디모데에게 "복음과 함께 고난을 받으라"고 한 말을 우리에게도 적용해야 한다.

복음을 위해 고난받는 특권에 동참하라는 바울의 초대는 어떤 의미에서 받아들이기가 쉽지 않다. 오늘날 유행하는 기독교 승리주의(Christian triumphalism)와 정반대되기 때문이다. 기독교 승리주의는 그리스도인의 삶을 늘 화려하게 그리고 싶어 한다. 병을 고치고, 기적을 일으키고, 사람들을 승리로 이끄는 하나님의 능력만 확신하고 싶어 한다. 그러나 성경은, 그리고 인간의 경험은, 많은 경우에 우리가 기도했던 사람들이 (궁극적인 치유라고 할 수 있는 죽음은 제쳐두고라도) 계속 고통을 당하고 어려움을 당한다고 말한다. 우리는 진실을 말해야 한다. 존 뉴턴(John Newton)의 찬송가 가사처럼 그리스도인들은 "많은 위험과 시련과 유혹을 통과"³⁰해야 한다. 특히 땅끝까지 복음을 전하라는 부르심에(행 1:8) 충실하기 원하는가? 수평선 너머에는 항상 더 많은 시련이 기다리고 있다.

그렇다면 우리는 어떻게 복음을 위한 고난을 견뎌야 하는가? 우리를 끝까지 지키는 것은 하나님의 은혜를 통한 하나님의 능력이다. 뉴턴의 가사가 이를 말해준다. "이제껏 내가 산 것도 주님의 은혜라. 또 나를 장차 본향에 인도해 주시리." 놀라운 진리다!

하나님은 우리를 구원하셨고 고난 중에도 우리를 굳게 붙드실 수 있다. 하나님은 우리에게 위임 명령을 내리셨다. 그러므로 우리가 그분에 대한 진리를 증언하라는 부르심을 받았다면 그분이 용기를 주실 것이다. 하나님이 능력으로 지켜주신다는 이 진리가 우리의 마음을 움직이고 삶을 변화시킨다. 어려움과 의심이 가득한 날들 속에서 우리는 우리 영혼을 위한 보루로 이 실재를 붙들 수 있다. 그리고 주님과 주님의 종들과 주님의 메시지를 위해 나서는 것이 머뭇거려질 때, 그분의 능력을 바라보며 조용히 기도하라. '부끄러움 없이' 선포할 때 자신의 증거가 효과적이기를 기도하라.

 로마서 1장 8-17절

" 1월 한 달간 말씀과 동행한 기록을 남겨주세요."

February

2월

2월 1일
기쁨에 찬 예배

"여호와가 우리 하나님이신 줄 너희는 알지어다
그는 우리를 지으신 이요
우리는 그의 것이니 그의 백성이요
그의 기르시는 양이로다"

(시 100:3)

시편은 우리 영혼을 위한 구급상자로 묘사되어 왔다. 시편에서 우리는 짓밟힌 사람들을 위한 탄식과 어려울 때 하나님께 올려드리는 부르짖음, 그리고 찬송과 감사의 봉헌을 본다. 그러므로 우리가 어떤 문제로 아파하든, 시편 안에서 위안을 찾을 수 있다.

특히 찬양 시편 전체에는 '주는 하나님이시고 우리는 그분의 것'이라는 기본적인 진리가 녹아있다. 하나님의 백성으로서 우리의 존재 자체는 그분이 누구신지를 보여준다. 우리는 "전에는 백성이 아니더니 이제는 하나님의 백성이요 전에는 긍휼을 얻지 못하였더니 이제는 긍휼을 얻은 자"다(벧전 2:10).

즉 진리는, 우리가 우리 자신의 것이 아니라는 사실이다. 우리는 한 번도 우리 자신의 것이었던 적이 없다. 우리는 강력한 창조주에 의해 만들어진 창조주 형상을 닮은 피조물이다. 그분은 우리를 만든 토기장이시고 "우리는 그의 것"이다. 더 나아가 우리는 구원받은 죄인, 곧 사랑하는 구주께서 "값으로 산" 자들이다(고전 6:20). 그분은 우리를 위해 자신의 생명을 주셨으며, 우리를 기르시는 목자이시다(요 10:11-15). "우리는 그의 것"이다. 그분은 우리를 두 번 사셨는데, 곧 창조의 때와 구속의 때다.

따라서 이제 주 예수 그리스도 안에서 우리가 서야 할 곳은 자신을 자랑하는 자리가 아닌 그분을 찬양하는 자리다. 주께서 하나님이시고 우리가 그분의 것임을 알 때 우리는 그분을 찬양하고 감사할 수밖에 없다(시 100:3).

찬양이란, 무엇이 가치 있는지 즉석에서 인정하는 것이다. 사람들은 자연스럽게 자신이 소중히 여기는 것을 찬양하게 되어 있다. 하나님은 우리를 만든 분이시고 구원자이시기에 우리의 찬양을 받기에 합당하시다. 그 어떤 사람도 그 어떤 사물도 하나님보다 더 찬양받기에 합당한 대상은 없다.

그리 이상적이지 않은 환경에서도 그분이 하나님이시라는 이유만으로도 우리는 충분히 그분을 찬양할 이유가 있다. 우리에게 세상적인 편안함을 주던 사랑하는 사람이나 직장을 잃어도 우리는 여전히 그분을 찬양하기로 선택할 수 있다. 눈물이 나고, 마음이 무너져 아무 말도 할 수 없고, 환경이 우리를 낙망하게 하고, 삶이 곤고해 보일 때도 우리는 여전히 "영원"하신 하나님의 "성실하심"(시 100:5) 안에서 즐겁게 예배하고 감사하며 찬양할 수많은 이유를 찾을 수 있다. 그분은 강력한 창조주이자 사랑의 구원자이시다.

감사하는 마음이야말로 그리스도인의 경험을 가장 잘 보여주는 표시다. 오늘 하나님께 감사의 마음을 표하자.

 시편 148편

2월 2일
기도의 특권

"예수께서 한 곳에서 기도하시고 마치시매
제자 중 하나가 여짜오되
주여 요한이 자기 제자들에게 기도를 가르친 것과 같이
우리에게도 가르쳐 주옵소서"

(눅 11:1)

주 예수 그리스도를 통한 하나님과의 교제는 우리의 기도를 통해 가장 잘 드러난다. 우리가 하는 기도는 우리와 하나님과의 관계를 증명해준다. 하나님은 성경 말씀을 통해 우리에게 말씀하실 뿐 아니라 기도로 그분과 소통하는 놀라운 특권도 주셨다.

성경에는 예수님의 기도 생활을 보여주는 대목이 많이 나온다. 이 구절들을 잘 알수록 예수님께서 기도를 거룩한 습관으로 삼으셨다는 것을 더 선명하게 깨닫게 된다. 예수님은 이른 새벽 시간에 그날의 계획을 아버지 앞에 내려놓으며 규칙적으로 기도하셨다. 조용하고 구별된 장소에서 기도하셨기 때문에 군중의 소음과 제자들의 요청들을 피해 하나님 아버지의 음성을 따라갈 수 있었다. 기도는 그분이 내린 모든 결정의 기반과 틀을 형성했다.

예수님이 매일 기도하는 것을 보면서 제자들은 "주여, 우리에게도 기도를 가르쳐주소서."라고 청했다. 예수님이 강도 높게 집중해서 기도하는 모습을 보며 제자들도 하늘 아버지와 그러한 친밀감을 갖고 싶다는 열망이 생겼던 것이 분명하다.

제자들의 이러한 요구에 예수님은 먼저 하지 말아야 할 것을 가르치셨다. "기도할 때에 이방인과 같이 중언부언하지 말라 그들은 말을 많이 하여야 들으실 줄 생각하느니라"(마 6:7). 다시 말해 횡설수설하거나 장황하게 기도하지 말라는 것이다. 하나님의 영적인 자녀들은 하나님이 하늘에 계신 아버지시기에 단순하고 직접적으로 마음껏 말씀드릴 수 있다. 예수님이 가르쳐주신 기도, 즉 주기도문처럼 말이다.

그렇다면 우리는 무엇을 위해 기도해야 할까? 먼저, 하나님의 이름이 합당하게 높임 받기를, 하나님의 나라가 우리 안과 우리 주변에 임하기를, 하나님이 우리 매일의 필요를 채워주시기를 간구해야 한다. 우리는 매일 회개하고 다른 사람에게 용서를 베풀기 위해, 또 유혹을 당할 때 하나님을 의지하기 위해 기도해야 한다. 예수님은 기도를 통해 매일의 삶에서 하나님의 영광과 은혜를 구하라고 가르쳐주셨다.

우리가 그리스도인으로서 순례의 삶을 살아갈 때 의미 있는 기도 생활보다 더 중요한 것은 없다. 또한 이 기도의 삶을 유지하는 것보다 더 어려운 것도 없다. 하지만 도움의 손길이 있다. 하나님의 아들이신 예수님이 기도하셔야 했다면 우리는 말할 것도 없다. 이런 겸허한 생각을 할 때 우리는 무릎을 꿇을 수 있다. 하나님은 우리에게 기도를 통해 그분께 가까이 나아가고 아버지이신 그분께 말씀드릴 수 있는 특권을 주셨다. 그분은 우리의 기도를 듣고 도울 만반의 준비를 하고 계신다. 기도는 거룩한 습관이어야 한다. 해도 되고 안 해도 되는 선택의 문제가 절대 아니다.

 누가복음 11장 1-13절

2월 3일
우리는 그분을 아버지라 부른다

"…너희는 기도할 때에 이렇게 하라
아버지여 이름이 거룩히 여김을 받으시오며…"

(눅 11:2)

한 아이가 입양되는 순간, 그 아이의 온 삶은 바뀐다. 새 이름, 새 가족, 완전히 새로운 삶의 방식을 갖게 된다. 그러나 이러한 법적인 현실에도 불구하고 그 아이는 새 가족에 대한 진정한 소속감을 아직 느끼지 못할 수 있다. 입양된 아이가 한 가정에 와서 살게 되는 것과, 가족으로서 하나되는 온전한 경험을 하는 것(그래서 새 부모님을 "엄마", "아빠"라고 부르게 되는 것)은 또 다른 문제다.

예수 그리스도를 향한 믿음을 고백하는 영적 입양의 과정도 이와 같다. 우리는 입양을 통해 완전하고, 영원하고, 반박할 여지가 없는 새로운 신분을 얻는다. 하지만 하나님은 단순히 이름이 바뀌는 것에 만족하지 않으신다. 하나님은 우리가 하나님의 아들과 딸이 되는 것이 무슨 의미인지 경험하기를 원하신다. 그분을 하늘 아버지로 경험하기를 간절히 원하신다. 그래서 하나님은 우리에게 그분의 영을 주신다. 하나님의 영은 우리의 성품을 변화시키고 하나님과 부모 자식의 관계를 맺도록 도와주신다. 바울은 갈라디아 교회에 이렇게 말한다. "너희가 아들이므로 하나님이 그 아들의 영을 우리 마음 가운데 보내사 아빠 아버지라 부르게 하셨느니라"(갈 4:6).

그리스도인의 경험은 법적인 거래와 같아서는 안 된다. 그리스도인의 경험은 교리나 신조를 훨씬 넘어서는 것이다. 구원은 단지 죄의 용서만이 아니라 성령님의 능력으로 변화되기를 기꺼이 받아들이는 것이다. 기독교는 기계적이지 않고 관계적이다. 예수님께서 십자가 위에서 객관적이고 합법적으로 성취하신 일을, 성령님은 우리 마음 안에서 주관적이고 경험적으로 알게 하신다. 우리는 구원받았고, 받아들여졌고, 사랑받았다. 이러한 변화는 헌신, 열정, 눈물, 깨달음, 참여를 가져오며, 우리는 궁극적으로 찬양하게 된다.

우리가 하나님의 자녀라는 새로운 신분을 잊어버릴 때면, 성령님은 기다리셨다는 듯이 이렇게 증언하신다. "아니, 너는 진짜 그분의 것이야! 그분은 큰 값을 치르고 너를 사셨어. 너는 사랑받는 소중한 존재야." 하나님이 원하시는 일을 하지 못해서 마음이 상하고 좌절할 때, 성령님은 우리를 도와 이렇게 부르짖으신다. "오 아버지, 나를 도와주소서!" 이러한 간구는 예수님이 이미 이루신 일(우리를 구원하려고 희생하신 것과 성령님을 보내 우리 안에 살게 하신 것)이 얼마나 놀라운지 상기시킨다. 그 일이 없다면 하나님은 그저 창조주이자 심판자로서만 여겨지고, 우리는 하나님을 향해 "아바, 아버지!"라고 부를 기회를 얻지 못할 것이다.

하나님은 우리가 자녀로 입양된 사실을 어떤 특별한 표시나 선물이 아닌 성령님의 설득력 있는 증언으로 보증하신다. 우리는 기도로 하나님께 말씀드리고 성경을 통해 들으며 그분과 동행하면서 성령님의 능력과 일하심을 더 분명히 깨닫게 된다. 우리는 죄의 저주에서 해방되어 입양의 복을 받았기에 하나님을 경외하며 영과 진리로 예배하고 그분을 아버지라 부를 수 있다.

오늘 그리스도인으로서 우리의 모습이 어떠하든지, 가장 위대한 현실은 우리가 하나님의 입양된 자녀라는 사실이다. 어떤 것도 어떤 사람도 그것을 바꿀 수 없다. 그러므로 우리의 느낌이 어떠하든지, 이 진리로 안심하고 확신하고 동기 부여하라. 우리는 하나님의 자녀다.

 로마서 8장 12-25절

2월 4일
아버지의 나라가 오게 하시며

"…나라가 임하시오며"

(눅 11:2)

하나님 나라는 지금까지 있었거나 앞으로 존재하게 될 어떤 세상 나라와도 전혀 다르다. 세상 나라들은 제한적인 힘을 가진 주권자들의 통치를 받기에 어쩔 수 없이 몰락한다. 하지만 하나님의 나라는 하나의 지정학적 실체나 역사의 한 부분을 훨씬 능가한다. 하나님의 나라는 영원하고 우주적이고 개인적이며, 그 나라에서 하나님의 통치는 모든 세대에 계속될 것이다(시 145:13).

"나라가 임하시오며"라고 기도할 때 우리는 이 진리를 염두에 두어야 한다. 예수님의 본을 따라 이렇게 기도할 때, 우리가 구해야 할 것은 하나님의 주권적인 통치가 우리 마음과 삶에 점점 더 세워지는 것이다. 또한, 그리스도를 아는 사람들이 그분의 통치에 점점 더 기쁨으로 순종하며 살기를 기도하는 것이다.

이것은 우리가 일상적으로 마주하는 세계관과는 매우 다르다. 오늘날의 문화는 개인적인 업적과 자급자족을 중요하게 여긴다. 우리 자신에게 통제권이 있다고 믿게 만든다. 하지만 하나님의 나라가 우리 삶에 들어오면(예수님께 가장 합당한 자리인 우리 마음의 보좌에 그분이 앉으시면) 혁명이 일어난다. 우리는 더 이상 죄의 노예가 아니다. 온 세상의 왕이 우리 삶에 들어오셔서 우리가 그 아들의 형상을 닮아가게 하신다(롬 8:29). 우리가 이렇게 기도할 때 성령님은 우리 삶의 모든 영역에서 하나님의 통치가 이루어지게 도와주신다.

그뿐만이 아니다. "나라가 임하시오며"라고 기도할 때, 우리는 하나님이 모든 나라의 왕이심을(하나님이 모든 역사를 다스리심을) 인정하는 것이다. 이사야는 하나님이 나라들을 부르신다고 표현한다. "그가 기치를 세우시고 먼 나라들을 불러 땅 끝에서부터 자기에게로 오게 하실 것이라 보라 그들이 빨리 달려올 것이로되"(사 5:26). 우리가 휘파람을 불어 개를 부르듯이 하나님이 나라들을 부르신다. 그분이 휘파람을 불면 나라들은 그분의 명령을 행하기 위해 달려간다.

그러므로 우리는 세상 권세가 바뀔 때 공포에 떨거나 억눌릴 필요가 없다. 우리는 오히려 이 모든 것을 다스리시는 주되신 왕으로 인해 기뻐할 수 있다.

> 그분의 나라는 실패할 수 없네.
> 그분은 땅과 하늘을 다스리시네.
> 죽음과 지옥의 열쇠가
> 우리 예수님께 있네.
> 용기를 내라,
> 소리를 높이라!
> 기뻐하라, 다시 말하니 기뻐하라! 시편 2편

2월 5일

오늘로 족하다

"우리에게 날마다
일용할 양식을 주시옵고"

(눅 11:3)

역사적으로 빵은 일용할 양식을 상징한다. 다른 음식들은 덤으로 즐기는 것이더라도 빵은 삶의 가장 기본적인 필요 중 하나라고 여긴다.

하나님이 이스라엘 백성에게 공급하신 만나도 이와 같은 맥락에서 이해할 수 있다. 구약에서 이스라엘은 광야에서 방황하며 매일의 필요를 충족하기 위해 전적으로 하나님만 의지해야 했다. 그들이 이 교훈을 배울 수 있었던 가장 가시적인 경험은 하나님이 하늘로부터 만나를 내리신 것이었다.

하나님은 백성들에게 매일 그날에 필요한(오직 하루치의) 만나를 공급하겠다고 분명히 말씀하셨다. 그들은 아침까지 아무것도 남기지 않아야 했다(출 16:19). 하나님이 한 번에 하루치의 빵만 공급하신 이유는 백성들이 하나님의 공급하심을 신뢰하게 하기 위해서였다. 슬프게도 몇몇 이스라엘 백성들은 하나님의 약속을 의심하여 불순종했다. 그들은 얼마간의 만나를 내일을 위해 남겨두었다(하나님의 약속을 의심하는 것은 항상 하나님의 명령에 불순종하는 결과를 낳는다). 그들은 다음 날, 남은 만나에서 악취가 나고 벌레가 생긴 것을 보았다(출 16:20). 하나님은 이스라엘 백성이 하나님의 공급하심에 의지하도록 훈련하셨다. 그들은 오랜 시간에 걸쳐 이 교훈을 배웠다.

이 구약의 예를 가지고 "우리에게 날마다 일용할 양식을 주시옵고"라는 말을 생각할 때, 예수님이 주기도문의 이 부분에서 시대를 초월한 하나의 진리를 강조하신다는 사실을 깨닫게 된다. 하나님은 자기 백성이 공급(언제나 더 많은 것을 바라게 되는) 그 자체가 아니라 모든 필요를 채우시는 '공급자'를 신뢰하도록 가르치신다.

하나님은 우리가 매일 새롭게 공급하시는 하나님을 깨닫기 원하신다. 이런 이유로 하나님은 이스라엘 후손들을 위해 소량의 만나를 보관하라고 말씀하셨다. "이것을 오멜에 채워서 너희의 대대 후손을 위하여 간수하라 이는 내가 너희를 애굽 땅에서 인도하여 낼 때에 광야에서 너희에게 먹인 양식을 그들에게 보이기 위함이니라"(출 16:32). 이 지시를 따르면서 한 세대는 다음 세대에게 하나님이 날마다 공급해주신 놀라운 이야기를 들려줄 수 있었다.

예수님이 가르쳐주신 기도를 통해 우리는 하나님이 우리의 개인적이고 현실적이고 물질적인 필요에 신경을 쓰시는 분임을 알 수 있다. 오늘 아침에 눈을 뜨며 앞으로 일어나게 될 사건과 지속되는 문제에 짓눌려 걱정하는 마음이 가득했을지도 모른다. 그러나 이것을 기억하라. 하나님은 우리 개개인에게 관심을 가지신다. 하나님께 오늘 필요한 모든 것을 달라고 확신 있게 나아가 요청하라. 내일도 그 이후에도 하나님께서 언제든 우리에게 정확히 필요한 것을 주시리라 신뢰해도 좋다. 우리는 모든 근심을 하나님께 맡길 수 있다. 그분은 우리를 돌보시며 공급하는 분이시기 때문이다(벧전 5:7).

 출애굽기 16장

2월 6일
용서하는 영

"우리가 우리에게 죄 지은 모든 사람을 용서하오니
우리 죄도 사하여 주시옵고"

(눅 11:4)

오늘 본문의 요청은 얼핏 보상처럼 들릴지도 모른다. 우리가 다른 사람을 용서한다면 우리도 용서받을 권리가 있다는 식으로 말이다. 하지만 성경을 있는 그대로 보면 오히려 그 반대임을 알 수 있다. 하나님은 오직 회개하는 사람(자신의 죄에 대해 거룩한 슬픔과 후회를 하는 사람)만 용서하신다. 회개했다는 가장 중요한 증거는 무엇인가? 바로 용서하는 마음이다! 다른 말로 하면, 우리가 서로를 용서해야 용서받을 자격이 생기는 것이 아니다. 오히려 용서는 하나님의 용서하시는 은혜를 받아 우리가 이미 변화되었음을 보여주는 증거일 뿐이다.

너무나 큰 용서를 받은 사람이 자기에게 빚진 사람을 용서하지 않는 것은 생각할 수 없는 일이라고 예수님은 가르치셨다(마 18:21-35). 그러나 우리는 여전히 원한을 품고 화를 풀지 않은 채 "용서는 하지만 잊지는 않을 거야"라고 말하고 싶은 유혹을 받는다. D. L. 무디(D. L. Moody)는 이러한 생각이 마치 도끼를 파묻으면서 손잡이는 튀어나오게 두는 것과 같다고 했다.

용서하지 않는 마음은 진정한 영적 삶을 갉아먹는 최대의 적이다. 형제자매를 향해 적대감을 가지고 있으면서 하나님을 구하는 삶을 산다고 주장해서는 안 된다. 적대감은 그리스도인이 누려야 할 기쁨의 불꽃을 꺼버릴 것이고 성경의 가르침에서 어떤 유익도 얻지 못하게 할 것이다. 그래서 예수님이 사실상 다음과 같이 말씀하신 것은 놀라운 일이 아니다. "내가 말하려는 것은 용서하는 마음이 믿음으로 드리는 기도의 가장 중요한 요소라는 것이다. 너희들의 삶을 살펴보아라."

누군가의 잘못을 마음으로 계속 원망하고 되새기는가? 용서하지 못한 사람이 있는가? 자신이 받은 용서를 깊이 묵상하고 용서를 배우며 용서할 수 있기를 하나님께 구하라. 나에게 잘못한 사람의 죄를 용서할 때, 내가 진정으로 하나님의 은혜를 알고 있으며 하나님께 진정으로 용서받은 사람이라는 것이 드러나기 때문이다.

잘못을 되씹으며
오래된 쓰라림을 떠나보내지 않으려는
우리의 용서하지 않는 마음에
어떻게 해야 당신의 용서하심이
와 닿아 축복할 수 있을까요?
타오르는 빛 속에서 당신의 십자가는
우리가 희미하게 알고 있던 진실을 드러냅니다.
사람이 우리에게 진 빚은 얼마나 적은지,
우리가 당신에게 진 빚은 얼마나 큰지.
주님, 우리 영혼을 깊이 닦으소서.
분노를 멈추라고 명하소서.
그러면 우리 삶은 하나님과 사람과 화해되어
당신의 평화를 전파할 것입니다.**32**

 마태복음 18장 21-35절

2월 7일
유혹에 대한 승리

"…우리를 시험에 들게 하지 마시옵소서"

(눅 11:4)

성경은 하나님이 죄와 유혹을 만들지 않으셨다고 분명히 가르친다. 하나님은 아무도 시험하지 않으신다(약 1:13). 그렇다면 왜 우리는 하나님께 시험에 들지 않게 해달라고 기도해야 하는가? 정확히 하나님께 무엇을 해달라고, 혹은 무엇을 하지 말아 달라고 요구하는 것인가?

시험과 유혹의 미묘한 차이에서 그 답을 찾을 수 있다. 우리가 "우리를 시험에 들게 하지 마시옵소서"라고 기도할 때, 그 의미는 "하나님, 우리를 도와주셔서 주님으로부터 오는 시험이, 악을 행하려고 사탄에게서 오는 유혹이 되지 않게 하소서."라고 말하는 것이다. 이것은 또한, 하나님의 임재와 능력 없이는 우리를 시련으로 이끌지 말아 달라고 간구하는 것이다. 하나님의 임재와 능력이 있을 때 우리는 절망과 불신으로 주저앉는 대신 믿음과 기쁨으로 그 시련들을 통과할 수 있다.

주기도문에서 이 구절이 중요한 이유는 이 구절을 통해 유혹이 우리 가까이 실재하고 있음을 기억하게 되기 때문이다. 창세기 4장에서 하나님은 가인에게 이렇게 경고하신다. "죄가 문에 엎드려 있느니라 죄가 너를 원하나…." 이어서 간곡한 권고가 나온다. "너는 죄를 다스릴지니라"(창 4:7). 슬프게도 가인은 죄를 다스리게 해달라고 하나님께 구하는 대신 죄가 그를 다스리도록 허용하고 말았다. 예수님은 그와 같은 실수를 하지 말라고 가르치신다.

우리를 삼키려는 죄의 성향을 고려할 때, 단지 시험에 들지 않게 해달라고 간구했다고 해서 그 문제가 해결되었다고 볼 수 없다. 우리의 행동이 기도와 일치해야 한다. 하나님의 거룩한 명령을 어기지 않게 해달라고 진심으로 간구한다면, 쓸데없이 경솔하게 또는 의도적으로 죄의 영향권 안에 자신을 두어서는 안 된다.

하나님은 우리를 유혹과 싸우게 하실 뿐 아니라 완벽하게 도우실 수 있다. 하나님은 한 명의 자녀도 죄의 손아귀에 빠지지 않도록 당신이 세우신 사랑의 언약에 온전히 헌신하신다. 하나님의 은혜와 능력으로도 어쩔 수 없는 죄의 유혹이란 우리 삶에 있을 수 없다. 성경은 이렇게 말씀하신다. "하나님은 미쁘사 너희가 감당하지 못할 시험 당함을 허락하지 아니하시고 시험 당할 즈음에 또한 피할 길을 내사 너희로 능히 감당하게 하시느니라"(고전 10:13). 그뿐 아니다. 그리스도의 피로 극복할 수 없는 유혹을 받는 일은 결코 없을 것이다. 그러므로 어떤 상황에서든, 어떤 유혹 속에 있든 이것을 기억하라. 그리스도 안에서 우리는 "승리하는 편"에 있다.³³ 우리는 유혹에 저항할 수 있다. 성령님이 우리를 인도하시고 지키시기 때문이다. 계속해서 불순종으로 이끄는 유혹이 있는가? 어떤 장소, 혹은 어떤 순간에 시험이 유혹으로 바뀌는가? 지금 당장 하나님께 도움을 구하라. 우리에게는 하나님의 도움이 필요하고 하나님은 언제나 도울 준비를 하고 계신다.

 누가복음 4장 1-13절

2월 8일
우리의 하늘 친구

"너희 중에 누가 벗이 있는데 밤중에 그에게 가서 말하기를 벗이여 떡 세 덩이를
내게 꾸어 달라 내 벗이 여행중에 내게 왔으나 내가 먹일 것이 없노라 하면…
내가 너희에게 말하노니 비록 벗 됨으로 인하여서는 일어나서 주지 아니할지라도
그 간청함을 인하여 일어나 그 요구대로 주리라
내가 또 너희에게 이르노니 구하라 그러면 너희에게 주실 것이요…"(눅 11:5–9)

우리가 하나님에 대해 말하는 것이 하나님과 우리의 관계를 드러낸다고 생각하기 쉽다. 하지만 하나님이 진실로 어떤 분인지 친밀하게 알지 못해도 하나님에 대해 말하는 것은 가능하다. 우리가 하나님과 인격적인 관계를 맺고 있다는 증거는 우리의 공개적인 말보다도 사적인 기도, 즉 그분에 '대해' 말하는 것이 아닌 그분'께' 말씀드리는 것에서 종종 드러난다. 로버트 머레이 맥체인(Robert Murray M'Cheyne)은 이렇게 말했다. "하나님 앞에서 무릎을 꿇은 모습, 그것이 그의 진짜 모습이다."

여기서 한 가지 문제가 드러난다. 솔직히 우리가 드리는 기도는 하나님과의 친밀한 우정을 역동적으로 드러내기보다는 서먹서먹하고 먼 관계를 드러낼 때가 많기 때문이다. 우리가 이런 형편인 것은 맞지만, 우리만 그런 것이 아님은 분명하다. 예수님의 제자들도 하늘 아버지와 더 친밀해지고 싶었지만, 어떻게 해야 할지 주님께 그 방법을 배워야만 했다(눅 11:1). 그 대답으로 예수님은 '주기도문'의 틀을 잡아주시면서, 한 친구의 담대한 요청에 관한 비유를 들려주셨다.

예수님은 그 이야기에서 먼저 두 사람의 관계를 규정하신다. 그들은 친구였다. 그런 다음 예수님은 한 사람이 여행객에게 친절을 베풀고 싶어서 한밤중에 빵을 구하러 다른 사람의 집에 찾아간 이야기를 풀어나가신다. 그는 자

신의 요구를 전하기 위해 친구의 온 가족을 다 깨우는 위험까지 무릅쓴다. 그가 어찌나 끈질기고 담대하게 요구했던지 친구는 일어나서 그가 요청한 것을 주었다고 예수님은 말씀하신다.

예수님의 이야기에서 우리가 깨달아야 할 것은 이것이다. 인간의 깊은 우정의 관계도 이런 관대한 반응을 가능하게 했는데, 우리가 기도를 통해 하나님께 나아가 어떤 필요를 구할 때 하나님이 거절하시겠는가? 절대 거절하지 않으실 것이다. 그 사람의 요구는 지나쳤지만, 정말 필요해 보였기에 친구는 들었고, 또한 그의 끈질김에 응답했다. 그렇다면 우리도 진지하고 겸손한 마음으로 우리의 하늘 아버지께 나아갈 수 있고, 하나님께서 우리의 요구를 들어주실 준비가 되어 계심을 더욱 확신할 수 있다.

하나님 앞에서 확신을 갖는 것이 꼭 주제넘은 일만은 아니다. 예수님을 통해 하나님께서 우리와 맺으신 우정 때문에 우리는 그분의 보좌 앞에서 확신을 가질 수 있다. 그분 때문에 우리는 친한 친구의 '뻔뻔스러움'으로 우리 창조주께 말할 수 있다. 얼마나 놀라운 생각인가! 하나님께 한밤중은 없다. 또한 친구로 그분을 찾아갔을 때 그분에게 불편한 시간이란 있을 수 없다. 우리는 그저 문을 두드리기만 하면 된다.

 에베소서 1장 15-23절

2월 9일
확신을 가지고 기도하기

"구하는 이마다 받을 것이요 찾는 이는 찾아낼 것이요
두드리는 이에게는 열릴 것이니라…
너희가 악할지라도 좋은 것을 자식에게 줄 줄 알거든
하물며 너희 하늘 아버지께서 구하는 자에게 성령을 주시지 않겠느냐"

(눅 11:10, 13)

갓 운전면허증을 딴 자녀가 부모에게 자동차 열쇠를 달라고 할 때, 결코 막연하게 건성으로 요청하지 않는다. 그들은 이미 마음을 굳게 정하고 확실한 의지를 가지고 요청한다. "차 열쇠 좀 주실래요? 그 차를 꼭 끌고 싶어요. 지금 바로요."

마찬가지로, 예수님이 제자들에게 기도로 하나님께 어떻게 요구해야 하는지 가르치면서 사용하신 동사들(찾으라, 구하라, 두드리라)에는 긴급함과 일관성과 분명함이 담겨 있다. 예수님은 이렇게 말씀하시는 것이다. "나는 너희들이 겸손하지만 끈질기게 분명한 뜻을 담아 기도하기를 원한다. 나는 너희들이 찾고 또 찾으면서 긴박한 진심을 담아 문을 두드리기를 원한다."

예수님은 우리에게 하늘 아버지 앞으로 나아와 그저 구하라고 초청하신다. 하지만 '무엇'을 구할지 주의해야 한다. 우리가 주님 앞에 구하는 것을 내밀 때, 그 간구들은 존 칼빈이 "하나님의 말씀의 굴레"[34]라고 부른 것을 통해 성령님에 의해 조절되어야 한다. 다른 말로 하면, 성경은 우리가 '하나님이 선하고 옳다고 말씀하신 것들'에 대해서는 온전한 확신 속에서 구할 수 있다고 가르친다. 예를 들어 우리 몸을 산 제물로 드리고, 우리가 복음의 증인으로 성장하며 더욱 예배를 사모하기 위해 하나님의 도우심을 구하는 것은 선하고 옳은 일이기에 확신하며 구할 수 있다. 하지만 쉽게 살고 더 부자가 되게 해달라고 요구하면서 하나님을 조종할 수 있다고 생각해서는 안 된다. "구하여도 받지 못함은 정욕으로 쓰려고 잘못 구하기 때문"이다(약 4:3).

따라서 담대히 구하되, 겸손히 구해야 한다. 엄청난 일을 해달라고 구할 수도 있지만 그분의 응답을 받아들일 수도 있어야 한다. 우리가 구하는 것이 선하고 거룩한 것일지라도 하나님이 우리가 구하는 것을 주시지 않을 이유는 충분하다. 우리 기도가 항상 하나님의 선하심과 주권적인 뜻에 부합하는 것은 아니며, 또한 우리가 구하는 것들이 우리에게 다 좋은 것도 아니다. 그러나 하나님은 당신 자녀에게 가장 좋은 것이 무엇인지 항상 아신다. 따라서 하나님께 우리의 요구를 아뢸 때 우리는 그분의 말씀을 지도로 삼아야 한다. 하나님께서 우리 삶에 당신의 목적이 이루어지도록 일하시고 우리가 그 아들의 형상을 닮도록 일하신다는 것을 기억해야 한다.

그러므로 하나님께 나아와 구하라. 우리의 간구는 구체적이고 담대하며 하나님의 말씀에 기반한 것이어야 한다. 그럴 때 우리는 그 간구들이 하나님 보시기에 합당하고 정확하게 응답될 것을 기대하고 확신하며 소망할 수 있다.

 골로새서 1장 9-12절

2월 10일
하나님이 안식하셨다

"하나님이 그 일곱째 날을 복되게 하사 거룩하게 하셨으니
이는 하나님이 그 창조하시며 만드시던 모든 일을 마치시고
그 날에 안식하셨음이니라"

(창 2:3)

인간은 창조의 정점이다. 우리는 그저 진화된 유인원이 아니다. 하나님의 피조물 중에서 우리만 그분의 형상을 따라 만들어졌다(창 1:27). 우리는 창조주에 의해 만들어졌기에 피조물이다. 하지만 하나님을 닮은 모습으로 창조되었기 때문에 모든 피조물 중에서 유일무이한 존재이기도 하다. 인간은 제거될 수 없는 존엄성을 갖고 있으며, 하나님은 우리가 창조주를 경외하고 그분과 관계 맺으며 살기를 원하신다.

인간이 창조의 정점이라면 안식은 창조의 마지막 목표였다. 하나님은 창조 사역을 마치고 쉬셨다. 이 말은 그분이 만든 세상에 머무시며 활동을 멈추셨다는 뜻이 아니라 창조 행위를 쉬셨다는 의미다. 그분의 창조에서 더 개선하거나 보태야 할 것은 전혀 없었다. 수선하거나 재작업이 필요한 것도 없었다. 그리고 하나님의 원대한 계획(인류를 향한 하나님의 열망)은 놀라운 영원한 안식의 세계에서 우리가 그분과 함께 사는 것이었다.

창세기 1장에 나오는 창조에 관한 묘사를 보면 "저녁이 되고 아침이 되니"라는 구절이 처음 6일 동안 계속 반복된다. 하지만 일곱째 날에는 그 패턴이 깨진다. 일곱째 날은 하나님이 친히 사람을 찾으시는 날이다. 하나님은 사람과 관계를 맺으며 그들에게 공급하시고 보호하시며 그들이 서로 교제할 수 있게 하시고 하나님이 만드신 피조 세계를 다스리도록 허락하셨다.

십계명에서 가르치듯이, 안식일의 목적 중 일부는 이스라엘 백성에게 인생을 향한 하나님의 궁극적인 계획을 이해하게 하려는 것이었다(출 20:8-11). 그들은 쉬고 묵상하면서 하나님의 통치와 축복 아래에서 하나님의 백성으로 살아가는 것이 어떤 의미인지 깊이 생각하게 될 것이다.

예수님은 사람들을 부르시며 이렇게 말씀하신다. "수고하고 무거운 짐 진 자들아 다 내게로 오라 내가 너희를 쉬게 하리라… 너희 마음이 쉼을 얻으리니"(마 11:28-29). 히브리서 기자도 이 개념을 받아들여 이렇게 선포한다. "그런즉 안식할 때가 하나님의 백성에게 남아 있도다"(히 4:9). 에덴의 아름다움 속에서 계획되었다가 타락으로 파괴되었던 안식이 언젠가 우리가 하나님의 임재로 들어가게 될 때 회복될 것이다. 지금 우리는 예수님께 우리 죄를 가져가 해결받고, 염려를 가져가 도움을 구하는 안식을 경험한다. 그러나 언젠가는 완전한 하나님의 거룩함으로 회복된 세상에서 부활 생명의 완전한 안식을 경험하게 될 것이다. 이것을 바라볼 때 지금 이 세상에서 경험하는 최고의 날과 최악의 날을 바라보는 우리의 시선과 마음이 달라질 것이다. 우리는 언젠가는 평화롭게 안식할 것이다.

이 미래를 향해 걸어갈 때, 우리는 하나님이 알려주신 본을 따라야 한다. 하나님이 명령하셨듯이 우리는 주의 날을 소중히 여겨야 한다. 그날에는 하나님이 우리에게 바라시는 것이 무엇인지, 그분과 함께하는 삶이 얼마나 즐거운지 깊이 생각하고, 사람들을 당신의 백성으로 부르시는 하나님의 일에 참여해야 한다.

 시편 8편

2월 11일
그 나라를 유산으로 받기

"불의한 자가 하나님의 나라를
유업으로 받지 못할 줄을 알지 못하느냐…"
(고전 6:9)

신자는 한마디로 예수 그리스도의 나라에 속한 자라고 정의할 수 있다. 이 부분이 그리스도인을 독특하게 만드는 부분이다. 우리는 이제 완전히 새로운 나라에 속한 사람들이다. 흑인이든 백인이든, 부한 자든 가난한 자든, 남자든 여자든, 우리를 하나로 묶는 것은 예수님이라는 한 왕께 충성한다는 사실이다. 우리는 그분의 가르침을 수행하고, 그분의 군대에 속한 것을 기뻐하며, 그분의 명령을 기쁘게 행한다.

하나님의 나라는 의로운 나라다. 그분의 성품은 완전하시고 그분의 기준은 탁월하시며 그분은 죄를 좌시하실 수 없다. 그래서 바울은 그분의 성품을 부인하고 그분의 기준을 거절하는 사람들에게 "하나님의 나라를 유업으로 받지 못할" 것이라고 경고한다. 악과 반역, 자부하는 태도가 주를 이루는 생활양식은 그리스도의 통치와 양립할 수 없다. 그래서 그런 방식으로 인생을 살겠다는 결심은 곧 그분의 나라 경계 밖에서 살겠다는 결심이다.

바울은 불의한 자들에게만 국한해서 말하는 것이 아니다. 물론 그리스도 왕국에 속한 사람들도 영원한 영광의 나라 이편에서 죄 없는 삶을 사는 것은 아니다. 그러나 여기서 바울은 그리스도인이라고 하면서도 지속적으로 죄를 따라가고 죄를 용인하는 사람들에 대해 말하고 있다. 그들은 이렇게 말한다. "하나님이 내가 선택하는 것을 방해하지 않았으면 좋겠어요. 하지만 저는 그분의 나라에 속했다는 생각으로 살고 싶어요. 그리고 그 나라가 주는 온갖 유익은 다 받고 싶어요."

하나님은 그 나라의 경계를 정하신다. 어떤 사람이든, 무엇을 믿든, 무엇을 원하든 다 그 나라에 들어가는 것이 아니다. 누구나 그 나라에 들어간다고 말하면 멋있게 들릴지는 모르겠지만 하나님의 말씀이 가르치는 바가 아니다. 하나님만이 그 나라에 들어갈 사람을 결정하신다.

하나님은 심판의 날이 온다고 말씀하신다. 실제로 예수님은 영광 가운데 다시 오실 것이며, 우리 중 누가 하나님 나라를 얻고 영원한 파멸을 얻을지 "모든 민족을 그 앞에 모으고 각각 구분"하실 것이다(마 25:32). 이 나라는 예수님이 시스템 오류를 수정하는 과정에서 갑자기 도입하신 것이 아니다. 이 나라는 영원 전부터 계획되었다.

다가올 심판을 생각할 때 우리는 복음 전도가 얼마나 시급한지 깨달아야 하고 우리 죄의 심각성에 대해 정직해야 한다. 우리는 예수 그리스도의 모습으로 오신 살아계신 구세주를 세상에 전해야 한다(또 우리 자신에게 선포해야 한다). 그분은 하겠다고 말씀하신 바를 정확히 행하실 것이다. 우리가 이 영원한 하나님 나라를 상속받을 유일한 길은, 우리 죄를 인정하고 우리에게 구세주가 필요하다는 사실을 아는 것이다.

 누가복음 13장 22-30절

2월 12일
연합으로 가는 열쇠

"너희도 성령 안에서
하나님이 거하실 처소가 되기 위하여
그리스도 예수 안에서 함께 지어져 가느니라"

(엡 2:22)

누군가 믿음을 통해 그리스도께로 나아올 때, 그의 정체성은 매우 포괄적으로 변화된다. 바울이 에베소서 2장에서 사용한 표현을 빌리자면, 죄로 죽었던 사람이 지금은 그리스도 안에서 살아있다. 진노의 자녀가 하나님의 자녀가 된다. 하지만 새 정체성은 단순히 개인적이지 않다. 우리는 그리스도 안에서 혼자가 아니다. 우리는 '모든 하나님의 백성과 함께' 그분 안에 있다. 에베소서 2장에서 바울이 개인적인 은혜의 경험에서 벗어나 하나님의 은혜가 성취하시는 공동의 일로 옮겨가는 이유가 이것이다. 바울은 우리에게 이렇게 말한다. "이제부터 너희는 외인도 아니요 나그네도 아니요 오직 성도들과 동일한 시민이요 하나님의 권속이라"(19절). 그리스도께서 만들어가시는 "한 새 사람"(15절)은 함께 은혜의 상속자가 되는 사람들에게 영광스럽게 둘러싸여 있다. 그렇다고 우리의 개별적인 정체성이 상관없어진다는 말은 아니다. 우리의 배경과 기질(성별, 인종, 개인적인 역사)이 그리스도 안에서 사라지는 것이 아니다. 우리는 하나님의 목적을 따라 지음받았고 하나님의 형상을 따라 만들어졌기에 자신만의 모습이 있다. 하지만 그리스도 '안에서' 우리를 연합하게 하는 것(우리와 그리스도의 연합)은 다른 모든 것을 능가한다.

우리가 왜 연합하게 되었는지 그 이유를 잊어서는 안 된다. 많은 사람이 자기 정체성의 요소들을 장벽으로 바꾸려는 습성을 갖고 있다. 지위의 벽, 피부

색의 벽, 계급의 벽, 성격의 벽, 혹은 개인 취향의 벽을 만든다. 그리스도인으로서 우리는 자신이 얼마나 이런 우를 범하기 쉬운지 인정해야 한다. 그리고 이것을 인정한다면, 하나님을 기쁘시게 하지 못한 것에 대해 슬퍼하고 회개할 준비가 되어있어야 한다.

그리스도인의 연합의 열쇠는 복음이다. 바울은 오직 하나님만이 딱딱한 마음을 부드럽게 하시고 감긴 눈을 뜨게 하시며, 이질적인 사람들을 하나로 모아 진실하고 영광스러운 연합을 이뤄내신다는 것을 알았다. 그리스도 안에서 하나님은 "성령 안에서 하나님이 거하실 처소"(엡 2:21)가 될 '성전'을 짓고 계신다. 인종, 계급, 지위에 따른 편파는 성령 안에서 하나님이 거하실 처소에는 설 자리가 없다. 언젠가 우리는 그리스도와 그분의 백성과의 온전한 연합을 영원히 경험하게 될 것이다. 하지만 그 일은 지금 시작할 수 있고, 시작되어야 한다. 시간을 쓰는 방식과 교회 안의 형제자매들을 생각하고 기도하고 말하는 방식에서 오늘도 그 연합을 이뤄갈 권리가 우리에게 있다.

> 우리는 날마다 짓고 있다,
> 순간순간마다
> 세상은 보지 못하는 우리의 성전을.
> 은혜로 얻어낸 모든 승리가
> 영원한 우리의 성전 안에서
> 제자리를 찾을 것이다.[35]

 고린도전서 13장

2월 13일
궁극적인 실재

"하늘을 창조하여 펴시고 땅과 그 소산을 내시며
땅 위의 백성에게 호흡을 주시며 땅에 행하는 자에게 영을 주시는
하나님 여호와께서 이같이 말씀하시되
나 여호와가 의로 너를 불렀은즉
내가 네 손을 잡아 너를 보호하며 너를 세워…"(사 42:5–6)

1932년, 알버트 아인슈타인(Albert Einstein)은 이렇게 말했다. "이 지구에서 우리의 상황은 참 이상해 보인다. 모든 사람이 이유도 모른 채 비자발적으로, 초대받지도 못한 채 짧게 머물기 위해 이곳에 있는 것 같다."[36] 세상은 우연히 생겨났으며 세상의 역사는 저절로 반복되고 우주는 특별한 목적 없이 존재한다는 말을 들어보았을 것이다. 그것이 사실이라면 삶에서 의미를 찾기는 어렵다. 그냥 살다가 죽는 것 외에는 할 게 없다.

현실에 대한 이러한 견해로 목적 없이 사는 사람들에게 하나님은 말씀하신다. 하나님은 모든 것을 바꿀 궁극적인 실재, 즉 하나님 자신을 선포하신다. 하나님은 당신의 정체성을 드러내시며 "나는 여호와다"라고 스스로를 소개하셨다. 하나님의 이름 '여호와'는 단순히 그분을 부르는 호칭이 아니다. 이름은 그분의 존재를 드러낸다. 성경에 나오는 하나님의 많은 이름이 그분이 누구신지에 대한 중요한 정보들을 제공한다. 영원하시고, 스스로 계시고, 전능하시며…. 그 외에도 엄청나게 많은 정보가 있다!

하나님은 말씀하시며, 또한 당신의 능력을 드러내신다. 하나님은 하늘을 디자인하셨고 땅을 펴셨으며 그 땅에서 나오는 모든 것에 형태와 생명을 주셨다. 피조세계의 안정성과 생산성은 창조주 안에 기반을 두고 있다. 우리는 스스로 발생하는 진화적인 촉진(surge)의 산물이 아니라 디자이너의 직접적인

행위로 만들어진 존재다. 우리의 존재는 하나님을 떠나서는 설명이 안 된다. 우리는 결코 그렇게 의도되지 않았다.

하나님이 만드신 모든 것에 대한 그분의 목적은 무엇인가? 구원을 통해 이 땅에 정의를 가져오는 것이다. "나 여호와가 의로 너를 불렀은즉 내가 네 손을 잡아 너를 보호하며 너를 세워 백성의 언약과 이방의 빛이 되게 하리니"(사 42:6). 여기서 하나님은 우리가 아닌 그분의 아들, 이사야가 소개한 종에게 말씀하고 계신다. 우리에게 조언과 친구가 필요하고 용서와 구원이 필요할 때 하나님은 "내가 붙드는 나의 종"(사 42:1)이 여기 있다고 말씀하신다.

그리스도 안에서 궁극적인 실재를 발견할 때까지 우리는 절대 삶에서 만족할 수 없을 것이다. 그 실재를 따라가면서 우리는 우리의 목적을 발견한다. 즉 "하나님을 영화롭게 하고 영원히 그분을 즐거워하는 것"[37]이다. 삶에서 목적과 성취를 경험하고 싶다면 시므온이 그랬던 것처럼 하나님을 영화롭게 하면서 주의 종을 받아들이고 기뻐해야 한다. "내 눈이 주의 구원을 보았사오니 이는 만민 앞에 예비하신 것이요 이방을 비추는 빛이요 주의 백성 이스라엘의 영광이니이다"(눅 2:30-32).

 이사야서 42장 1-13절

2월 14일
그리스도의 제자

"그 때에 다메섹에 아나니아라 하는 제자가 있더니
주께서 환상 중에 불러 이르시되
아나니아야 하시거늘
대답하되 주여 내가 여기 있나이다 하니"

(행 9:10)

그리스도인으로서 우리는 매일 그리스도의 명성을 쌓으며 산다. 그리스도의 제자로서 살아가는 우리의 삶은 그리스도에 대해 뭐라고 말하고 있는가?

아나니아는 성경에서 비교적 덜 알려진 인물일지 모르지만 바울의 삶에 지대한 영향을 끼쳤다. 그가 이러한 영향을 끼칠 수 있었던 것은 그리스도의 제자로서 매일 신실한 삶을 살았기 때문이다. 그의 제자도가 보여주는 세 가지 특징은 하나님 나라에서 쓰임 받고자 할 때 우리 성품과 헌신이 어떠해야 하는지 알려준다.

첫째, 아나니아는 "**특정한**(certain) 제자"였다(KJV 성경 참조, 강조는 저자 추가). 그는 특별히 선택된 사람이었다. 하나님은 바울(당시에는 사울)을 다메섹으로 데려오시기 전, 아나니아를 부르시기 훨씬 전에 그분의 주권으로 교회가 널리 퍼져나가게 하셨다. 예루살렘의 오순절 성령강림 사건 이후 교회는 그곳에서 적어도 300킬로미터나 떨어져 있던 다메섹까지 퍼져나갔고, 그곳에는 아나니아를 포함한 신자들이 이미 모여 있었다. 하나님은 이 그룹 중에서 특별히 아나니아를 선택하셔서 회심한 바울을 찾아가게 하셨다. 하나님의 주권이 심오하게 펼쳐지는 이 장면을 보면서 우리는 하나님이 지금도 일하고 계심을 믿고 격려받을 수 있다. 하나님은 그분의 뜻을 성취하시기 위해 우리를 준비하고 사용하신다. 지금은 보이지 않아도 그분의 일하심은 믿을 수 있다.

둘째, 아나니아는 **담대한** 제자였다. 그는 자신이 주를 따르는 사람임을 밝혔다. 바울은 회심하기 전에 다메섹에 있는 주를 따르던 자들을 박해하러 가는 중이었다(행 9:1). 아나니아의 충성은 지역 교회나 교파, 혹은 신학적 관점이 아닌 주 예수 그리스도께 있었다. 이처럼 예수님이 우리 삶을 붙드셨고 변화시키셨다면, 우리는 이 사실을 비밀로 할 수 없다. 그리스도의 구원을 받아들이면 죄에 대해 아니라고 말하게 되듯이, 신앙을 비밀로 하는 것에도 아니라고 말해야 한다. 우리의 제자도가 우리의 비밀을 깨뜨리든, 아니면 우리의 비밀이 우리의 제자도를 깨뜨리든 둘 중 하나다.

셋째, 아나니아는 **헌신된** 제자였다. 나중에 바울은 그를 "율법에 따라 경건한 사람으로 거기 사는 모든 유대인들에게 칭찬을 듣는"(행 22:12) 자라고 기억했다. 이런 명성은 단 며칠만에 얻어지지 않는다. 삶의 끊임없는 밀물과 썰물 속에서 천천히 얻어진다. 아나니아가 이런 명성을 얻은 것은 자신의 온 삶을 하나님과 그분의 말씀을 따르는 데 헌신했기 때문이다. 그는 분명 매일의 일상과 다른 사람과의 관계 속에서 이러한 헌신을 보여주었을 것이다.

아나니아의 삶은 우리에게 평범해 보이는 일상에서 사소해 보이는 방식으로 신실하게 살라고 도전한다. 언젠가 우리도 주를 위해 엄청난 일을 하도록 부름받을 수 있다. 그러나 그때까지 기다릴 필요가 없다. 지금도 온 마음을 다해 그분을 위해 살 수 있기 때문이다. 담대하게, 헌신적으로, 겸손하게 하나님을 구하고 그분을 전적으로 신뢰하는 것, 이것이 제자가 하는 일이다. 학업 중이든, 자녀를 키우는 중이든, 직장을 구하는 중이든, 은퇴를 앞두고 있든, 하나님의 영광을 위해 가장 성실하게 그 일을 하라. 아나니아가 그랬던 것처럼 예수 그리스의 제자로 알려지는 것을 목표로 삼으라.

 사도행전 9장 1-19절

2월 15일
속죄의 날

"육체의 생명은 피에 있음이라
내가 이 피를 너희에게 주어 제단에 뿌려
너희의 생명을 위하여 속죄하게 하였나니
생명이 피에 있으므로 피가 죄를 속하느니라"

(레 17:11)

하나님이 애굽에서 이스라엘 백성을 탈출시키셨을 때, 그들의 구원은 하나님과의 관계로 이어졌다. 그들은 하나님의 통치 아래 살아가면서 성막에 계신 하나님의 임재를 즐거워했다. 하지만 초반부터 이스라엘 백성은 하나님의 율법을 지킬 수가 없었다. 이로 인해 '거룩한 하나님이 어떻게 죄인들과 함께 거하실 수 있는가?' 하는 딜레마가 생겼다.

매년 특정한 날, 곧 속죄일에 이스라엘의 대제사장은 하나님의 지시를 받아 지성소(성막에서 하나님의 임재가 임하는 곳)에 들어가 백성들의 죄를 위한 희생 제사를 드렸다. 대제사장은 흠 없는 염소 두 마리를 잡아서, 한 마리는 백성을 위한 속죄 제물로 바치고 그 피를 '시은좌'라고도 알려진 언약궤 덮개에 뿌렸다. 이스라엘 백성은 그들의 죄로 죽을 수밖에 없었지만, 하나님은 은혜로 백성들 대신 이 염소를 죽게 하셨다. 그 동물이 죽었기 때문에 사람들은 살 수 있었다. 그리고 그 대속의 결과는 두 번째 염소에게서 드러났다. 제사장은 두 번째 염소의 머리에 손을 얹고 백성들의 죄를 고백한 다음 그 염소를 광야로 내보냈다. 그러고 나면 대제사장은 다시 백성들 앞에 모습을 드러낼 수 있었다. 그 의미는 이것이다. "너희들의 죄는 속해졌다. 염소의 피를 흘렸으니 그 피흘림으로 너희 죄가 사해졌다. 광야로 내보낸 또 다른 염소처럼 이제 너희는 더 이상 너희 죄에 대해 염려하거나 등에 짐을 짊어질 필요가 없다."

하나님은 아주 특별한 방식으로 다음과 같은 핵심적인 진리를 세우고 계셨다. 곧 '하나님은 죄인들이 그분의 임재 안으로 들어올 수 있도록 필요한 일을 행하신다'는 진리다. 하나님의 백성들은 제멋대로였기에(사실 지금도 그렇다!) 하나님은 그들의 죄악으로 인해 희생제사를 명하시고, 그들이 다른 존재의 행위에 근거해서 그분께 가까이 올 수 있게 하셨다. 그 각각의 희생제사는 그 자체를 넘어 그리스도께서 십자가에서 죽으심으로 제공하신(모든 죄를 단번에 해결하신) 그 완벽한 희생제사를 가리켰다. 이 완벽한 희생제사의 결과로 우리는 하나님 앞에서 완전한 확신을 가질 수 있다. 하지만 이 확신은 우리 자신에게서 비롯되지 않는다. "우리가 예수의 피를 힘입어 성소에 들어갈 담력을 얻었나니 그 길은 우리를 위하여 휘장 가운데로 열어 놓으신 새로운 살 길이요 휘장은 곧 그의 육체니라"(히 10:19-20).

흔들리고 의심이 생기며 자기 행위로 확신하려는 유혹을 받을 때, 이 두 염소를 기억하라. 이 두 염소는 십자가에서 예수님이 하신 일을 보여준다. 우리의 죄는 대가를 치렀고 그 죄는 사라졌다. 우리의 행위로는 거룩하신 하나님 앞에서 우리가 갖게 된 지위에 무엇을 더하거나 빼지 못한다. 그렇기에 우리는 확신할 수 있다.

내가 살지 않은 삶에,
내가 죽지 않은 죽음에,
다른 누군가의 삶, 다른 누군가의 죽음에
내 모든 영원을 거네.**38**

 히브리서 10장 11-25절

2월 16일
너희는 나를 누구라 하느냐?

"시몬 베드로가 대답하여 이르되
주는 그리스도시요 살아 계신 하나님의 아들이시니이다
예수께서 대답하여 이르시되 바요나 시몬아 네가 복이 있도다
이를 네게 알게 한 이는 혈육이 아니요 하늘에 계신 내 아버지시니라"
(마 16:16-17)

복음서를 읽다 보면 나사렛 예수를 만난 사람 중에 애매하게 중립적인 반응을 보인 사람은 거의 없다는 것을 알 수 있다. 예수님의 말씀과 행동은 깊은 사랑과 헌신을 불러일으키기도 했지만 두려움과 미움을 일으키기도 했다. 무엇 때문에 이렇게 극명한 반응이 일어난 것일까?

가이사랴 빌립보로 가는 길에 나눈 이 대화에서 베드로는 늘 그랬듯이 앞에 나서서 말했다. "당신은 그리스도이십니다!" 그가 예수님의 신원을 밝히며 사용한 단어는 '크리스토스'(Christos)인데 그리스어로 '메시아' 혹은 '기름부음 받은 자'라는 뜻이다. 구약성경 전체에서 왕과 사사와 예언자들도 기름부음을 받았는데, 이들은 미래의 메시아이자 구원자이시며 하나님의 기름부음을 받은 유일한 분을 예표하는(pointing forward) 대변인들(대표들)이었다. 따라서 베드로의 선포는 특히 주목할 만한 것이었다. 그는 예수님께 이렇게 말하고 있었다. "**당신이** 바로 그분이십니다. **당신이** 예언자들이 말하던 바로 그분이십니다."

더 놀라운 것은 베드로의 진술에 대한 예수님의 설명이었다. 베드로가 그런 결론을 내린 것은 그가 똑똑하다거나 논리적이고 합리적인 사고를 하는 뛰어난 능력을 가졌다거나 혹은 영감이 충만한 설교자가 그에게 비밀을 알려 주었기 때문이 아니다. 그의 선언은 하나님 아버지께서 그에게 실제로 계시

해주셨기 때문에 가능했다.

베드로의 신앙고백은 우리의 신앙고백과 마찬가지로 결코 자신의 힘으로 할 수 없는 것이었다. 믿음은 우리가 받은 선물이다. 베드로와 예수님 사이의 이런 대화가 바로 성령님이 역사하시는 구체적인 예다. 성령님은 하나님의 말씀을 누군가의 마음에 생각나게 하셔서 그 사람이 예수님의 주 되심을 선포하게 하신다.

베드로처럼 우리도 예수님을 주님과 메시아로 선포하는 것은 우리가 하는 일이 아니다. "…하나님의 선물이라 행위에서 난 것이 아니니 이는 누구든지 자랑하지 못하게 함이라"(엡 2:8-9). 만약 우리의 믿음이 자신의 지적 능력이나 감정 지수나 도덕적 선함의 결과라면 우리는 자기 자신을 신뢰하고 자랑할 것이다. 일이 잘 풀릴 때는 뿌듯하겠지만 일이 제대로 풀리지 않을 때는 불안해질 것이다. 그러나 그렇지 않다. 우리의 믿음은 우리에게서 난 것이 아니라 전적으로 하나님의 선물이다. 그래서 우리는 그분 안에서 확신할 수 있다. 일이 잘 풀릴 때는 겸손할 수 있고 최악의 날들에도 확신을 가질 수 있다. 그러므로 오늘 감사함으로 즐거워하라. 하나님은 말씀의 진리로 우리 마음과 생각을 바꾸기를 기뻐하신다. 우리도 베드로처럼 "당신은 그리스도이십니다!"라고 선언할 수 있다.

 에베소서 2장 1-10절

2월 17일
어린이에게 주는 말

"자녀들아 주 안에서 너희 부모에게 순종하라 이것이 옳으니라
네 아버지와 어머니를 공경하라
이것은 약속이 있는 첫 계명이니
이로써 네가 잘되고 땅에서 장수하리라"

(엡 6:1-3)

바울이 그의 서신에서 경건하지 못한 악한 열매들을 길게 나열한 경우가 두 번 있었는데, 두 목록 모두에서 다음의 짤막한 구절을 발견할 수 있다. "부모를 거역하는 자"(롬 1:30; 딤후 3:2). 또 교회사를 읽다 보면 영적 각성이 일어날 때마다 실질적인 경건함(자녀가 경건한 부모의 권위에 순종하는 일을 포함하여)이 뒤따랐다.

자녀가 부모에게 순종하는 것은 하나의 제안이 아니라 의무다. 성경은 이러한 순종이 하나님의 자연스러운 창조질서에 따른 하나님의 율법에 부합하는 것이며 복음에 대한 바른 응답이라고 가르친다. 부모는 자녀에게 순종을 요구하고 순종을 좋은 것이라고 말하기를 주저할 필요가 없다. 하지만 바울은 순종이 옳다고만 말하지 않고, 순종에 상급이 있다고 말한다. 주 예수 안에서 하나님의 명령과 약속에 주의를 기울이면 복이 따라온다. 또한 부모와 자녀의 관계가 사랑과 신뢰와 순종의 모습을 갖추면, 건강한 사람을 길러내는 것에 그치지 않고 더 나아가 건강하고 결속력 있는 사회를 만든다.

이런 순종을 이끌어내기를 원하는 부모는 성경이 우리 자녀에 대해 가르치는 다섯 가지 중요한 진리를 기억해야 한다.

1. "자식들은 여호와의 기업이요"(시 127:3). 그들은 선물이고 복이다. 우리 자녀를 생각할 때 그 자녀를 주신 하나님께 감사해야 한다.
2. 자녀는 우리 소유가 아니다. 그들은 하나님께 속해있다. 그들은 잠시 우리에게 맡겨진 것이다.
3. 우리와 마찬가지로 우리 자녀도 태어날 때부터 흠이 있고 죄인이기에 영생을 받을 자격이 없다(시 58:3; 롬 3:23).
4. 우리 자녀에게도 죄가 있기에 하나님의 계명이 필요하다. 부모로서 우리는 어릴 때부터 자녀에게 하나님의 율법을 가르쳐야 할 의무가 있다.
5. 우리 자녀는 오직 은혜로 구원받을 수 있다. 따라서 우리는 그들이 예수님만 바라보고 구원받도록 가르쳐야 한다.

우리 중 많은 사람이 이런 진리를 거부하는 문화에서 살아간다. 이런 문화에서는 아이들을 선천적으로 선하다고 보고 그들의 교육이나 건강, 행복이 최고의 선이라고 여긴다. 반면 아이들을 농담이나 불만의 대상으로 삼는 경우도 많다. 때로는 교회 안에서조차 부모의 역할에 대한 분명하고 성경적인 가르침이 없을 때도 있다. 하지만 하나님은 이렇게 말씀하신다. "가정 안에서 자라는 자녀들은 그 부모에게 순종해야 한다. 그리고 부모는 자녀가 하나님의 율법을 알고 하나님의 은혜를 알도록 양육해야 한다." 가정과 교회 안에서 다음 세대를 좀 더 경건하게 길러내고 싶다면, 아이들을 하나님의 진리 안에서 키워야 할 것이다. 우리는 자녀를 둔 부모이거나, 아니면 교회 안의 아이들과 함께하는 교회의 일원일 것이다. 그렇다면 다음 세대의 영적 건강을 위해 우리는 어떤 기여를 해야 할까?

 잠언 2장

2월 18일
사서 하나님께 드리다

"각 족속과 방언과 백성과 나라 가운데에서
사람들을 피로 사서 하나님께 드리시고
그들로 우리 하나님 앞에서 나라와 제사장들을 삼으셨으니
그들이 땅에서 왕 노릇 하리로다 하더라"

(계 5:9-10)

메리 피셔(Mary Fisher)라는 웨일즈 출신 선교사 후보생과 함께 성경 대학에 다닌 적이 있다. 그녀는 짐바브웨에서 청년들을 가르치기 위해 쇼나어(Shona)를 배우고 있었다. 그녀가 짐바브웨에 도착한 지 얼마 되지 않아 그녀가 가르치던 학교에 테러리스트의 습격이 있었다. 메리도 많은 선생님들, 아이들과 마찬가지로 살아남지 못했다. 그녀의 생명은 그 공격으로 스러져버렸다.[39] 그녀의 죽음은 비극적이었지만, 그녀의 삶은 이 세상에서뿐 아니라 영원에서 하나님을 섬기는 것의 더없이 큰 기쁨을 증명해주었다.

요한계시록에서 어린양을 둘러싼 장로들의 노래를 볼 때 그리스도께서 죽으신 것은 우리가 구원받게 하려는 것임을 알 수 있다. 우리를 손아귀에 잡고 있던 죄로부터 우리는 해방되었다. 그리스도께서 그분의 피로 값을 다 치르셨기에 이제 우리는 그분을 위해 살 수 있다. 메리 피셔처럼 우리의 섬김은 하나님을 위한 것이다.

1세기 신자들은 친구들이 믿음 때문에 붙들려가는 것을 보면서, 그리스도께서 죽음을 이기고 승리하셨고 승천하셨으며 반드시 다시 오실 것을 더욱 굳건히 붙들었다. 환난에 직면한 그리스도인들은 예수님이 우리 죄를 구속하셨고 그분의 초점이 언제나 아버지께 있었다는 것을 기억하며 힘을 낼 수 있었다. 예수님은 '하나님을 위해' 값을 치르고 우리를 사셨다.

우리가 선교사들의 삶에서 일어나는 비극적인 일이나 순교자들의 죽음을 볼 때 어쩔 수 없이 느끼게 되는 혼란스러움을 어떻게 설명할 수 있을까? 메리 피셔의 마지막 기록이 분명한 답을 준다. 그녀는 가수이자 기타 연주자이기도 한데 한번은 바울이 빌립보 교회에 보낸 편지글을 바탕으로 학생들에게 가사 쓰는 법을 가르치고 있었다. "이는 내게 사는 것이 그리스도니 죽는 것도 유익함이라"(빌 1:21). **40** 그분의 길을 걷고 그분의 손을 잡는 것은 평화와 기쁨의 길이라는 가사였다.

예수님이 십자가에 달리신 것은 우리를 그의 피로 사서 하나님께 드리기 위함이라는 요한계시록 5장의 말이 거짓이라면, 이 노래 가사는 텅 빈 미사여구에 지나지 않을 것이다. 그러나 요한계시록 5장은 전적으로 사실이다. 그래서 우리의 모든 호흡이 그분을 섬기느라 다 소진되어도, 우리 삶이 그분의 이름으로 인해 완전히 짓밟혀도, 그것만큼 최선의 삶은 없을 것이다. 하나님께서 우리를 구원하셨기에 우리는 오늘 그분을 찬양하고 영원히 그분을 즐거워하게 되었다. 오늘 하루가 어떠하든 최선의 열정으로 최고의 목표를 갖고 살아가라.

 빌립보서 1장 12-18절

2월 19일

불평의 대가

"여호와께서 들으시기에 백성이 악한 말로 원망하매
여호와께서 들으시고 진노하사
여호와의 불을 그들 중에 붙여서 진영 끝을 사르게 하시매"

(민 11:1)

그리스도인의 삶에 불평이 낄 자리는 없어야 한다.

이는 이스라엘이 어렵게(그리고 느리게) 배운 교훈이었다. 하나님이 그들을 애굽의 종살이에서 풀려나게 하신 후, 이스라엘 백성은 하나님의 율법을 받았고, 하나님의 명령이 주어졌으며, 자신들이 가야 할 목적지를 알게 되었다. 그들은 약속의 땅을 향해 열정적으로 출발했지만 그리 멀리 가지 못해 불평하기 시작했다. 그들은 만나 대신 고기를 원했고 심지어 다시 애굽으로 돌아가고 싶어 했다(민 11:4-6). 한때는 하나님이 매일 주시는 만나가 자신들을 향한 하나님의 사랑이라고 생각했지만, 어느덧 매일 똑같은 것을 먹어야 한다고 불평하기 시작했다.

불평은 사소해 보이지만 감사가 사라지고 있다는 표시다. 불신과 불평이 하나님의 자녀의 삶에 나타날 때, 그 결과는 피할 수 없다. 불평으로 광야에서 40년을 보내게 된 이스라엘 백성과 같지는 않겠지만, 불평에는 반드시 대가가 따른다.

처음 믿음을 갖게 되어 흥분했던 때가 기억나는가? 아마 처음 신약성경을 읽으며 거기서 발견하는 모든 내용이 환상적이라고 생각했을 것이다. 어디에 있든 성경을 읽었을 것이다. 그러다가 믿음의 여정에 어떤 일이 일어났을 것이다. 성경은 '늘 똑같은 오래된 책'인 것 같고 우리는 하나님이 뭔가 더 극적이고 좋은 것을 해주시길 바라게 되었다. 믿음을 나누는 것이 놀라운 특권으로 여겨졌던 때가 기억나는가? 그런데 지금은 짐이고 의무로 느껴지는가? 십자가를 바라보며 감사가 넘쳤던 때가 기억나는가? 하지만 지금은 하나님이 인도하시지 않은 길, 혹은 자신이 선호하는 길에 더 관심이 가는가?

   사도 바울은 초대교회들에 편지를 쓸 때 이스라엘 이야기를 들려주며 경고로 삼으라고 했다. "그들 가운데 어떤 사람들이 주를 시험하다가 뱀에게 멸망하였나니 우리는 그들과 같이 시험하지 말자 그들 가운데 어떤 사람들이 원망하다가 멸망시키는 자에게 멸망하였나니 너희는 그들과 같이 원망하지 말라"(고전 10:9-10).

   그리스도를 믿기에 우리는 죄의 속박에서 벗어났다. 우리의 불평에도 불구하고 말이다! 그리스도께서 십자가에서 피 흘리신 한 제사로 인해 우리는 자유하게 되었다. 그리고 우리는 가나안이 아닌 천국을 향한 여행을 시작했다. 이에 하나님은 우리에게 멋진 약속과 필요한 경고들을 주셨다. 하나님의 공급하심을 이용하려 하거나 그분이 이끄시는 길에 불평하지 말고, 그분이 물질적으로나 영적으로 공급하신 모든 것에 감사하라. 불평할 필요가 없으며, 불평에는 변명의 여지가 없다.

 시편 95편

2월 20일

걱정의 해독제

"아무것도 염려하지 말고 다만 모든 일에 기도와 간구로,
너희 구할 것을 감사함으로 하나님께 아뢰라
그리하면 모든 지각에 뛰어난 하나님의 평강이
그리스도 예수 안에서 너희 마음과 생각을 지키시리라"

(빌 4:6-7)

이번 주나 오늘 하루 걱정되는 일을 다 써보라고 한다면 아마 상당히 긴 목록이 작성될 것이다. 하지만 하나님은 우리에게 이렇게 말씀하신다. "**아무것도 염려하지 말라.**" 염려와 싸우느라 초주검이 된 자신을 발견한다면 이 말씀에 어떻게 반응해야 할까?

사도 바울은 우리를 숨 막히게 하는 걱정의 해독제가 기도와 감사라고 말한다. 사실 이 반응은 자연스러운 것이 아니다. 죄로 가득한 우리 마음의 경향을 완전히 거스르는 것이다. 아마 우리 대부분은 걱정되는 문제들을 기도로 하나님 앞에 가져가기보다 혼자 불평하거나 그 상황을 이겨보려고 곱씹는 편이 훨씬 더 쉽다는 것을 알 것이다. 무릎을 꿇고 하나님께 울부짖기보다 그저 멍하니 앉아서 걱정에 마비된 채 걱정을 곱씹기가 얼마나 쉬운가? (또 얼마나 허망한가?)

기도는 "내가 이 문제를 어떻게 해결하지?"라는 질문을 꿀꺽 삼키고 우리 자신이 아닌 하나님의 공급하심을 바라보는 것이다. 기도는 우리의 초점을 바꿔 하나님을 향하게 한다. 하나님은 완전한 능력이 있으시고 우리의 필요를 다 아시며 우리가 구하는 것이나 상상하는 것보다 훨씬 더 좋은 것을 주시는 분이다. 그리고 우리는 감사하는 마음을 가질 때 "왜 이 일이 내게 일어났지?"라는 질문을 하면서 마음이 냉담해지지 않는다. 감사하는 마음은 하나님

의 약속을 기억하게 도와주기 때문이다. 하나님은 언제나 목적을 가지고 일하시며, 당신이 계획하신 일을 반드시 성취하시고, 당신이 하는 일을 정확히 꿰뚫고 계신다.

우리 중에는 알람시계 같은 부모를 둔 사람이 있을 것이다. 아침에 일찍 일어나야 할 때면 그저 부모님께 말만 하면 된다. 반드시 깨워주실 것을 아니까 믿고 잠만 자면 된다! 바울은 걱정에 직면할 때 우리가 취해야 할 태도가 바로 이것이라고 말한다. 우리는 하늘 아버지께 바로 나아가서 이렇게 말씀드리면 된다. "저를 위해 이 일을 해결해 주시겠어요?" 그러면 하나님은 항상 이렇게 대답하신다. "알았다. 나를 믿어라."

하나님이 모든 것을 주관하고 계심을 알 때 우리는 모든 어려움과 도전들을 그분께 가지고 나올 것이다. 그리고 그분이 주시는 평화가 우리 마음을 지킬 것이다.

문제가 몰려오고 위험이 닥쳐온다 해도,
친한 친구가 우리를 버리고 적들이 모두 연합한다 해도,
무슨 일이 있어도 오직 한 가지 약속이 우리를 안심시키네.
그 약속이 우리에게 확신을 주네. "주께서 공급하실 것이다."[41]

이번 주에 자신이 걱정한 것들을 한번 써보라. 그런 다음 그것들을 하늘 보좌로 가져가 그곳에 내려놓고 기도하라. 기도한 후에는 하나님의 이 대답을 각 항목에 적어보라. "알았다. 나를 믿어라."

 베드로전서 5장 6-11절

2월 21일
너희 중에는 그렇지 않을지니

"예수께서 불러다가 이르시되
이방인의 집권자들이 그들을 임의로 주관하고
그 고관들이 그들에게 권세를 부리는 줄을 너희가 알거니와
너희 중에는 그렇지 않을지니 너희 중에 누구든지 크고자 하는 자는
너희를 섬기는 자가 되고"(막 10:42-43)

모든 세대에서 가장 흔하게 듣는 거짓말은, 하나님의 백성이 믿지 않는 이웃들과 최대한 똑같이 행동해야 전도가 잘 된다는 말이다. 신약성경은 그 주장에 찬성하지 않는다. 교회의 역사도 마찬가지다. 오히려 역사는 성경이 가르치는 것을 입증한다. 즉, 하나님의 백성은 그 삶의 양식이 선명하게 반(反)문화적일 때 가장 큰 영향력을 끼쳐왔다는 사실이다(벧전 2:11-12).

예수님이 오늘 본문의 말씀을 하시기 바로 전에, "우레의 아들"(막 3:17)인 야고보와 요한은 예수님께 가서 부탁을 드렸다. 그들은 그분의 나라에서 영광의 자리를 얻기 원했다(막 10:35-45). 그러나 이 바람은 충성심에서 나온 것이 아니라 원초적인 야망에서 온 것이었다. 이는 당시 자신을 치켜세우던 로마 통치자들의 태도와 비슷했다.

그러나 예수님은 사정을 봐주지 않으셨다. 예수님의 언어는 아주 급진적이었다. 제자들은 예수님을 따르는 자들이었기에 달라야 했다. 하나님 나라에서는 올라가는 것이 내려가는 것임을 알아야 했다. 영예는 그것을 받을 때가 아니라 줄 때 얻을 수 있고, 위대함은 섬김을 받을 때가 아니라 섬길 때 드러난다. 이 원리의 가장 큰 예는 예수님 자신이시다. 그분은 "근본 하나님의 본체시나 하나님과 동등됨을 취할 것으로 여기지 아니하시고 오히려 자기를 비워 종의 형체를 가지사 사람들과 같이 되셨고 사람의 모양으로 나타나사 자

기를 낮추시고 죽기까지 복종"하셨다(빌 2:6-8).

　이것은 쉬운 일이 아니다. 우리는 자기 존중, 자기 과시, 자기가 만든 지위로 가득한 문화에서 살기 때문이다. 하지만 예수님의 말씀은 우리가 그분의 제자라고 고백한다면, 세상 문화가 아닌 그리스도의 본을 따르는 삶을 살아야 한다고 가르친다.

　우리는 자신이 중요한 존재이며, 지적으로 합리적이고 사회적으로 받아들여져야 한다는, 건강하지 못한 선입견에 사로잡혀 있다. 그러나 그것이 복음의 역사를 위해 효과적인 전략이었던 적이 있는가? 선택은 분명하다. 예수님이 말씀하신 것을 행할 것인지 아니면 문화가 말하는 것을 행할 것인지 선택해야 한다.

　우리는 예수님의 말씀의 힘과 그 도전의 크기를 축소해서는 안 된다. 하지만 실망할 필요는 없다. 요한이 발견한 사실에서 우리는 용기를 얻을 수 있다. 노년에 그는 이렇게 기록했다. "그가 우리를 위하여 목숨을 버리셨으니 우리가 이로써 사랑을 알고 우리도 형제들을 위하여 목숨을 버리는 것이 마땅하니라"(요일 3:16). "너희 중에는 그렇지 않을지니"라는 불편한 은혜의 말씀을 들으라. 그리고 예수님의 형상을 닮아 섬기고 사랑하기 위해 자신의 권리와 평판을 기꺼이 내려놓으라.

 빌립보서 2장 1-11절

2월 22일
하나님 알기

"그들이 다시는 각기 이웃과 형제를 가리켜 이르기를
너는 여호와를 알라 하지 아니하리니
이는 작은 자로부터 큰 자까지 다 나를 알기 때문이라"

(렘 31:34)

예레미야 선지자 시대에 하나님은 자기 백성과 맺었던 언약을 어기지 않으셨다. 하지만 하나님의 오래 참으시는 사랑에도 불구하고 하나님의 백성은 계속해서 죄를 지었다. 여기서 다음과 같은 문제가 제기된다. 하나님의 백성이 계속해서 하나님께 불충실한 모습을 보여주는데 어떻게 자기 백성을 축복하겠다고 하신 하나님의 약속이 성취될 수 있을까?

하나님은 그의 크신 계획의 하나로서, 새 언약을 맺으셨다. 즉, 내적인 재창조 사역(a work of inner re-creation)이다. 신학자 알렉 모티어가 말했듯이, "하나님의 백성이 하나님의 기준까지 올라오지 못했을 때 하나님은 그들의 능력에 맞게 당신의 기준을 낮추지 않으신다. 오히려 하나님은 그 백성을 변화시키신다."[42]

이 새 언약은 주 예수님의 피를 통해 마음을 새롭게 하려는 하나님의 목적이자 약속이다. 하나님은 우리 마음을 받으셔서 온전한 모양이 되게 하시고 (퍼즐 조각을 맞추듯이) 그분의 율법이 우리에게 기쁨이 되게 하신다.

이 새 언약의 선포에는 '알다'라는 동사가 핵심이다. 히브리어 원어로 그 의미는 창세기의 처음부터 분명하게 드러난다. 아담이 그의 아내와 "동침하매"[창 4:1, KJV 성경은 "알았다"(knew)라고 번역한다 - 역주] 그들이 자녀를 낳았다는 직접적인 표현에서 그 친밀감의 정도를 보여준다. 하나님의 백성이 하나님의 사랑을 알게 되면 그들은 저만치 떨어져서 성경공부를 하는 정도로 그치지 않을 거라는 말씀이다. 그들은 진심으로 하나님을 아는 백성이 될 것이다.

예레미야가 미래시제로 말한 것을 우리는 현재 즐길 수 있다. 그의 예언과 우리 시대 사이에, 주 예수님이 죽으시기 전날 밤 포도주를 건네며 이렇게 선포하셨기 때문이다. "이 잔은 내 피로 세우는 새 언약이니"(눅 22:20). 하나님의 은혜로 우리는 왕 중의 왕이요 주 중의 주이신 분을 알고 있다. 이뿐 아니라 그분도 우리 각자의 이름을 개별적으로 알고 계신다. 그분은 우리의 필요를 아시고 우리의 행복을 위해 자신을 내어놓으신다. 예수님은 아버지 앞에 우리 이름을 내미신다. 그리고 그분의 모든 존재와 그분이 행하신 모든 일로 인해 그 이름들은 생명책에 기록된다.

이분은 어떤 왕이신가? 우리가 온전히 이해하기는 어렵다. 언젠가 우리는 그분을 얼굴로 대면하여 만날 것이고 오늘보다 훨씬 더 잘 알게 될 것이다. 하지만 지금도 우리는 하나님이 그분의 아들을 통해 우리를 구원하셨고, 그 아들의 영이 우리 안에 거하시며, 언젠가는 우리가 그분의 보좌 앞에 서게 될 것을 확신할 수 있다.

 예레미야서 31장 31-40절

2월 23일
그분의 형상을 본받다

"하나님이 미리 아신 자들을
또한 그 아들의 형상을 본받게 하기 위하여 미리 정하셨으니
이는 그로 많은 형제 중에서 맏아들이 되게 하려 하심이니라"
(롬 8:29)

결혼생활을 오래 한 부부들 가운데는 종종 너무 닮아서 남매가 아니냐는 질문을 받는 경우가 있다. 정말 그렇지 않은가? 우리는 함께하는 사람들과 닮아간다.

우리가 그리스도와 동행할 때도 마찬가지다.

하나님이 우리 삶에 갖고 계신 목적은 그분의 아들을 닮는 것이다. 한번 생각해보라. 예수님의 완벽한 인성과 그분을 닮아가는 자신의 모습을! 하나님은 힘을 다해 이 일에 헌신하신다. 이것이 하나님께서 "그리스도 예수의 날까지 이루실"(빌 1:6) 것이라고 약속하신 일이다. 하나님은 오늘 무슨 일을 하고 계시는가? 이렇게 요약할 수 있다. '그분은 우리가 그리스도를 더 닮아가게 하신다.'

로마서 8장 28절의 보증을 잘 알 것이다. "우리가 알거니와 하나님을 사랑하는 자 곧 그의 뜻대로 부르심을 입은 자들에게는 모든 것이 합력하여 선을 이루느니라." 하지만 그 다음 구절을 보면 여기서 말하는 "선"이란 전능하신 하나님이 우리의 모든 삶의 국면에서 "그 아들의 형상을 본받게 하기 위하여"(29절) 일하고 계신다는 의미임을 알 수 있다.

하나님은 우리의 안락한 삶보다 우리가 그리스도를 닮는 일에 훨씬 더 관심이 많으시다. 많은 경우 성공이나 웃음보다는 실망과 실패를 통해 영적인

성장이 일어난다. 일부러 고난을 찾을 필요는 없지만, 우리 아버지께서는 어떤 상황에서도 우리에게 무엇이 최선인지 다 아신다. 하나님은 어떤 일에도 놀라지 않으신다는 것을 믿어도 좋다. '응답받지 못한' 기도를 경험하거나 어려움과 고통이 생각보다 오래 지속될 때, 하나님의 영원한 목적이 그분의 자녀의 삶 속에서 이뤄지고 있음을 알면 소망을 얻는다.

절망이나 지속적인 실망을 경험할 때 "하나님은 뭘 하고 계시지?"라고 묻고 싶을 것이다. 스데반을 치던 자들이 옷을 벗고 그에게 돌을 던질 때(행 7:58) 하나님은 뭘 하고 계셨을까? 바울이 다메섹에서 바구니에 담겨 벽 아래로 내려져 도망갈 때(행 9:25), 그리고 베드로가 아그립바왕에 의해 감옥에 갇혔을 때(행 12:3) 하나님은 뭘 하고 계셨는가? 우리 눈에는 잘 보이지 않지만, 하나님은 당신의 영원한 계획을 수행하고 계셨다. 예수님의 제자들이 본향을 향해 걸어가면서 더욱 예수님을 닮게 하는 그 일 말이다.

우리가 아침에 일어나 소망을 가질 수 있는 근거가 여기에 있다. 비가 오거나 해가 뜨거나, 기쁘거나 실망스럽거나, 하나님은 그날 하루 동안 우리의 삶에서 하나님의 목적을 분명히 이루어 가실 것이다. 우리의 하늘 아버지는 자기 백성으로 부르신 각 사람을 위한 계획과 목적을 가지고 계신다. 지금 당장, 아니면 몇 달 후에 그분의 일하심을 볼 수 있을지도 모른다. 아니면 영원히 그리스도와 함께 있게 된 후에야 볼 수도 있다. 하지만 이것을 기억하자. 우리에게 주어진 오늘은, 하늘 아버지께서 우리를 그분의 아들과 더 닮아가도록 하시는 하루다.

 로마서 8장 26-39절

2월 24일
침묵을 통한 소망

"만군의 여호와가 이르노라
보라 내가 내 사자를 보내리니 그가 내 앞에서 길을 준비할 것이요
또 너희가 구하는 바 주가 갑자기 그의 성전에 임하시리니
곧 너희가 사모하는 바 언약의 사자가 임하실 것이라"

(말 3:1)

하나님의 백성은 기다리는 사람들이다.

'소예언서'인 학개서, 스가랴서, 말라기서는 하나님의 백성이 바벨론 포로에서 돌아온 후에 선지자들이 백성에게 전한 하나님의 말씀이다. 그 메시지는 포로로 잡혀가기 전에 그들의 선조들에게 했던 말씀과 비슷했다. "너희 이스라엘 백성들은 어리석다! 너희들은 계속해서 언약을 어겼다. 너희들이 계속해서 언약을 어긴다면 하나님이 심판하러 오실 것이다."

하지만 소예언서의 메시지에는 심판만 있는 것이 아니다. 소망도 있다.

그들은 육체적으로는 자기들의 땅으로 돌아왔지만 영적으로는 여전히 포로 상태였다. 유다(이스라엘에 남아있던 보는 사람)는 하나님의 약속대로 하나님의 백성이 하나님의 복을 누리게 될 거라는 소망을 붙들었다. 하지만 하나님의 나라는 아직 선지자들이 선포했던 방식으로 임하지 않았다. 하나님 나라가 아직 오지 않았다. 그래서 백성들은 주님이 오셔서 모든 구원의 약속들을 이루시길 기다려야 했다.

구약 예언자 중 마지막 예언자인 말라기도 이 나라가 임할 거라고 주장했지만, 그 후로도 400년의 침묵이 이어졌다. 사람들이 태어나고, 자기 일을 하고, 죽는 과정이 반복되었다. 그들은 아마 서로 이렇게 질문했는지 모른다. "'내가 내 사자를 보내리니 그가 내 앞에서 길을 준비할 것이요'라는 말은 어

떻게 된 거지? 그 약속을 한 지가 수 세기나 지났잖아."

그러다가 결국 이상한 옷차림을 하고 이상한 음식을 먹는 한 우스꽝스러운 외모를 가진 사람이 나타났다. 그는 거리에서 구약을 인용하며 "보라 내가 내 사자를 네 앞에 보내노니 그가 네 길을 준비하리라 광야에 외치는 자의 소리가 있어 이르되 너희는 주의 길을 준비하라 그의 오실 길을 곧게 하라"(막 1:2-3)고 말했다. 세례 요한은 이 말과 함께 수 세대에 걸친 침묵의 시간을 끝냈다. 오랜 세월의 기다림 끝에, 하나님은 언제나 그러셨듯이 당신의 약속을 신실하게 지키셨다. 하나님은 하나님의 사자와 왕을 보내셔서 모든 사람이 하나님의 복(예수 그리스도를 통한 구원의 완성)을 경험할 수 있게 하셨다.

우리 시대에도 하나님의 백성은 아직 고대하고 있다. 우리는 예수님이 오셨음을 안다. 또한 그분이 오실 것을 안다. 하나님 나라는 아직 완성된 영광 가운데 도래하지 않았다. 그래서 우리는 즉각적인 만족을 추구하는 세상에서 기다리는 사람들이다. 쉽게 환멸을 느끼는 세상에서 기대하는 사람들이다.

하나님이 우리의 삶에서 그분의 약속을 성취하는 데 너무 오래 걸리는 것 같아도 소망을 잃지 말라. 세대를 거쳐 하나님은 신실하심을 증명하셨고, 예수님을 보내시면서 모든 약속의 성취자를 소개해주셨다. 우리는 하나님의 불변성 안에서 안심할 수 있다. 예수님은 말씀하신다. "내가 진실로 속히 오리라"(계 22:20). 예수님은 말씀하신 바를 반드시 행하실 것이다.

 베드로후서 3장 1-13절

2월 25일
열심히 달려라

"운동장에서 달음질하는 자들이 다 달릴지라도 오직 상을 받는 사람은 한 사람인 줄을
너희가 알지 못하느냐 너희도 상을 받도록 이와 같이 달음질하라
이기기를 다투는 자마다 모든 일에 절제하나니
그들은 썩을 승리자의 관을 얻고자 하되 우리는 썩지 아니할 것을 얻고자 하노라
그러므로 나는 달음질하기를 향방 없는 것 같이 아니하고"(고전 9:24-26)

신약시대 동로마 제국에 스며들어있던 그리스 문화에서는 운동선수들의 경쟁이 매우 중요했다. 한 주석가는 고린도에 대해 말하기를, 군중들이 오직 두 가지, '빵과 경기'만 원하는 도시라고 요약한다.[43]

그들은 작은 규모의 지역 경기에서는 여러 명에게 상을 주었지만, 중요 경기에서는 오직 한 명에게만 상을 수여했다(주로 월계수나 소나무 관이었다). 경쟁자들은 수개월에 걸쳐 다른 모든 즐거움(모든 관계, 음식, 여가생활 등 그들의 승리 능력을 약화시킬 수 있는 모든 것)을 삼간 채 오직 월계수관에 시선을 집중하는 삶을 살았다. 바울은 이 모습을 비유로 들며 신자들에게 그리스도를 영화롭게 하고 그분과 연합하는 영원한 상에 시선을 고정하라고 격려한다.

학교 육상 경기를 보면 처음에는 많은 무리가 함께 뛰다가 금방 세 그룹으로 나뉜다. 소수의 선두 그룹은 메달을 바라며 달리고, 중간에 있는 대다수 인원은 무난히 완주라도 하자는 마음으로 달린다. 그리고 맨 뒤에 처진 그룹은 일반적으로 냉소적이고 패배주의에 빠진 불쌍한 영혼들이다. 바울이 이 구절에서 사용한 '달리다'라는 단어는 낙오자나 어슬렁거리는 사람이나 대충 참가한 사람들이 아닌, 상을 받으려고 최선을 다하는 사람들이 뛰는 모습을 묘사하는 단어다. 우리는 그리스도인으로서 향방 없이 뛰지 않아야 한다. 상을 바라며 달려야 한다.

상에 초점을 맞추고 살기 위해서는 희생이 따라야 한다. 특히 하나님의 뜻과 반대되는 욕구들을 희생해야 한다. 본문 말씀 25절에 나오는 "이기기를 다투는 자"라는 단어는 헬라어 '아고니조메노스'(*agonizomenos*)를 번역한 것인데 여기서 '고통'(agony)이라는 단어가 나왔다. 이기기를 다투는 자가 된다는 것은 편안해지지 않기로 선택하는 것이다. 그리스도인이 된다는 것도 그와 같은 선택이다. 그리스도를 위해 고통을 감내하고 희생할 준비가 되었는가? 오직 그럴 때만 그분을 위해 잘 살았다는 상을 받는 기쁨을 누릴 것이다.

하지만 어떻게 해야 그런 희생을 하며 집중력 있게 달릴 수 있을까? 그것은 우리의 힘과 의로는 얻을 수 없다. 우리 힘으로 얻을 수 있다고 말하는 것은 거짓 종교의 생각이자 실체이다. 오직 우리와 그리스도와의 연합만이 이러한 변화를 위한 능력과 잠재력을 제공한다. 예수님은 영원한 상급을 바라며 의지적으로 희생하는 본을 보여주셨다(히 12:2). 예수님이 우리 마음과 삶을 붙드실 때, 우리는 무한히 즐겁게 그분을 위해 달릴 수 있고 그분의 뒤를 따를 수 있다.

유명한 스코틀랜드인 올림픽 선수이자 선교사인 에릭 리들(Eric Liddell)은 1924년 올림픽 400미터 경기에서 금메달을 딴 후, 어떤 계획을 세웠냐는 질문을 받자 이렇게 대답한 것으로 알려졌다. "처음 200미터를 최선을 다해 달렸습니다. 그리고 그 다음 200미터는 하나님의 도우심으로 더 열심히 달렸습니다." 오늘 향방 없이 혹은 느릿느릿 달리지 말자. 하나님의 도우심으로, 하나님과 하나님의 영광을 위해 상을 바라며 더 열심히 달리자.

 히브리서 12장 1-3절

2월 26일
해를 주는 말들

"혀는 곧 불이요 불의의 세계라
혀는 우리 지체 중에서 온 몸을 더럽히고 삶의 수레바퀴를 불사르나니
그 사르는 것이 지옥 불에서 나느니라…
혀는 능히 길들일 사람이 없나니"

(약 3:6, 8)

절대 돌아올 수 없는 세 가지가 있다. 쏜 화살과 뱉은 말과 잃어버린 기회다. 말한 것은 주워 담을 수가 없다. 게다가 우리는 심판 날에 우리가 한 말(심지어 부주의하게 한 말)에 책임을 져야 할 것이다(참조. 마 12:36). 솔로몬왕은 이렇게 말한다. "입을 지키는 자는 자기의 생명을 보전하나 입술을 크게 벌리는 자에게는 멸망이 오느니라"(잠 13:3). "죽고 사는 것이 혀의 힘에 달렸나니"(잠 18:21). 말은 용기를 주고 힘을 북돋우고 치유하는 역할을 하는 한편, 갈등을 일으키고 불화를 조장하고 해를 끼치기도 한다. 솔로몬은 해를 끼치는 말이 갖는 특성을 다양하게 묘사한다. 그는 이런 말이 "칼로 찌름"(잠 12:18) 같이 무모하다고 말한다. 또 생각 없이 부주의하게 말하는 사람은 "사연을 듣기 전에 대답하는 자"(잠 18:13)와 같다고 한다. "말이 많으면 허물을 면하기" 어렵다(잠 10:19).

'나무막대기와 돌로는 뼈를 부러뜨릴 수 있지만 말은 실제로 해를 끼칠 수 없다'는 말을 들어보았는가? 완전히 틀린 말이다. 멍 자국은 사라지고 잊힐 수 있지만 우리가 들은 해로운 말들은 아주 오래 남는다. 다음의 말이 정말 사실이다.

> 부주의한 말은 갈등을 일으킬 수 있고
> 잔인한 말은 인생을 망칠 수 있고
> 비수를 꽂는 말은 미움을 심어줄 수 있고
> 악랄한 말은 때려눕혀 죽일 수 있다.

이런 해로운 말들로 인해 얼마나 많은 우정이 깨지는지, 얼마나 많은 명성이 타격을 입는지, 얼마나 많은 가정의 평화가 파괴되는지 모른다. 야고보는 그런 적대적이고 폭력적인 말들의 출처는 다름 아닌 지옥이라고 말한다. 그렇다. 우리의 혀는 "불"이다. 성령님의 역사가 없이는 혀를 "능히 길들일 사람이" 없다.

잠시 멈춰 서서 지난 24시간 동안 얼마나 많은 말을 했는지, 그리고 그 말들을 어떻게 사용했는지 곰곰이 생각해보라. "죽고 사는 것이 혀의 힘에 달렸나니"(잠 18:21). 자신이 한 말 중에 어떤 방식으로든 누군가의 마음을 찢어놓고 해를 끼친 말이 있는가? 그것은 회개하고 돌아서야 할 죄다. 하나님 앞에 서와 그 말을 들은 사람에게 해야 할 일이 있는가?

또 앞으로 24시간 안에 하게 될 말들을 생각해보라. 어떻게 해야 그 말들로 생명을 살릴 수 있을까? 어떻게 해야 "죄를 범하지 아니하시고 그 입에 거짓도 없으신" 그분을 닮을 수 있겠는가? 그분은 "욕을 당하시되 맞대어 욕하지 아니하시고… 그 몸으로 우리 죄를 담당"하신 분이다. 그분은 "우리로 죄에 대하여 죽고 의에 대하여 살게 하려"고 그렇게 하셨다(벧전 2:22-24).

 야고보서 3장 2-12절

2월 27일

도움이 되는 말들

"한 입에서 찬송과 저주가 나오는도다
내 형제들아 이것이 마땅하지 아니하니라
샘이 한 구멍으로 어찌 단 물과 쓴 물을 내겠느냐
내 형제들아 어찌 무화과나무가 감람 열매를, 포도나무가 무화과를 맺겠느냐
이와 같이 짠 물이 단 물을 내지 못하느니라"(약 3:10-12)

살다 보면 불공정하고 불편한 환경과 마음에 들지 않는 사람들을 종종 만나게 된다. 그럴 때는 말로 어떤 반응을 하기보다 우리 주님으로부터 배운 이 진리를 떠올리면 도움이 될 것이다. "이는 마음에 가득한 것을 입으로 말함이라"(마 12:34). 우리의 말이 그리스도를 닮지 않았다면 우리는 입보다 마음을 먼저 보아야 한다. 마찬가지로 갈등이 있고 어려움이 있는 상황에서 해가 되는 말보다 '도움을 주는' 말들을 하고 있다면 이것 역시 우리 마음 안에서 주님이 일하신다는 표시다.

우리의 혀는 강력한 힘이 있다. 우리는 그 혀를 사용해서 도움과 격려와 확신을 주고, 풍성하게 하고 화해하고 용서하며, 하나 되게 하고 원만하게 하며 축복할 수 있다. 잠언의 많은 구절이 우리가 하는 말에 대해 언급하는 것은 우연이 아니다. 솔로몬은 "의인의 입은 생명의 샘"(잠 10:11)이라고 말한다. 그는 아름다운 말이, 사람을 아름답게 하는 사랑스러운 귀걸이와 집을 아름답게 꾸미는 아름다운 장신구와 같다고 비유한다(잠 25:12). 말의 힘에 대한 솔로몬의 가장 고전적인 관찰은, "경우에 합당한 말은 아로새긴 은 쟁반에 금 사과"(잠 25:11) 같다는 표현이다.

무엇이 이렇게 생명을 주는 말을 가능하게 하는가? 어떻게 우리 입이 다른 사람에게 복을 주는 입이 될 수 있는가? 축복의 말은 정직함이 특징이다. "사

랑 안에서 참된 것을"(엡 4:15) 말하는 것이다. 사려 깊게 "대답할 말을 깊이 생각하여"(잠 15:28) 말하는 것이다. 또한 대체로 말수가 적고 이성적이라는 특징이 있다. "말을 아끼는 자는 지식이 있고 성품이 냉철한 자는 명철하니라"(잠 17:27).

물론 도움이 되는 말들은 부드러운 말일 것이다. 어려운 상황에 있을 때는 기억하기 힘들겠지만, "유순한 대답은 분노를 쉬게 하여도"(잠 15:1)라는 말은 여전히 진리다. 사실 유순한 대답은 도덕적인 힘에서 길러진다. 억제되지 않은 격정과 분노로 반응하지 않고 유순하게 대답하려면 엄청난 자기 통제력이 필요하다.

우리의 말은 어떤가? 우리의 혀(몸의 지체 중에 작지만 강력한 지체)를 사용해서 저주하기보다 축복하고, 생명을 죽이기보다 살리고, 해를 끼치기보다 도움을 주는 일에 힘을 쏟겠는가?

이 시간, 마음으로 그리스도를 경외하며 자신의 말에 그리스도의 향기를 가득 채워서 함께하는 사람들의 유익을 위해 사용하기로 결단하라. 그리고 이 일을 나의 힘으로 할 수 없음을 겸손히 인정하라(약 3:8). 하나님께 그분의 영으로 채워달라고 구하라. 성령님이 우리 마음과 말에 화평과 온유와 절제를 더하여 주실 것이다(갈 5:22-23).

 갈라디아서 5장 16-25절

2월 28일
헌신되고 일관된

"…나는 내 하나님 여호와께 충성하였으므로
그 날에 모세가 맹세하여 이르되
네가 내 하나님 여호와께 충성하였은즉
네 발로 밟는 땅은 영원히 너와 네 자손의 기업이 되리라 하였나이다"
(수 14:8-9)

처음에는 순조롭게 인생을 시작했다 해도, 한때 그들에게 성공을 안겨주었던 것들은 결국 시간이 흐르면서 없어지기 마련이다. 당신은 청년 시절에 유명했을 수도 있다. 40세의 나이에 꽤 영향력 있는 지위까지 올랐을 수도 있다. 교회에서도 우리는 하나님의 일에 상당히 유용하게 쓰임 받는 사람들(우리 자신일 수도 있다)을 볼 수 있다. 하지만 그러다가 과거의 거장이 되어 '좋은 시절'만 회상하며 이래라저래라 참견만 하는 사람이 되는 경우가 허다하다.

많은 사람이 이렇게 되곤 하지만 갈렙은 전혀 그렇지 않았다. 그는 잠재적인 무관심(potential apathy)에서 도망쳐 믿음을 지켰다. 그는 매우 힘든 상황에서 중년을 보냈다. 그는 40세부터 40년간 광야를 떠도는 생활을 해야 했다. 그의 주위 사람들이 하나님을 믿지 못했기 때문이었다. 하지만 갈렙은 떠돌아다녀야 했던 그 절망스러운 시간에도 원망과 불평이 없었다.

사실 상황은 더 나빠져서 백성들은 자신들을 예전의 좋은 시절로 다시 데려가 줄 지도자를 찾기 시작했다(민 14:4). 하지만 후퇴하는 데 지도자가 필요한 사람은 없다. 그냥 돌아가면 된다! 우리는 앞으로 나아가기 위해 지도자가 필요하다. 거기에는 내일이 있고 미래 세대가 있다. 세상을 향한 하나님의 계획에는 아직 실행되지 않은 목적들이 있다.

갈렙은 이 정신을 보여준다. 젊은 시절에 보인 그의 헌신은 중년이 되어서도 일관되었다. 그는 40세에도 헌신적이고 일관성 있었지만 50세, 60세, 70세에도 변함이 없었다. 수십 년을 지나면서 그는 "하나님 여호와께 충성"했다.

결혼해서 가정을 꾸리는 것과 직장 일, 건강 문제 등으로 영적 열정과 효율성을 상실하는 이들이 허다하다. 많은 이들이 자원과 에너지와 지혜를 풍부히 갖고도 긴장을 풀고 다음 세대로 사역을 넘기려 한다. 광야에 있던 이스라엘 백성처럼 많은 사람이 무관심과 비판주의와 냉소주의에 안주한 채 자신의 영적 삶에서 붕괴가 일어나는 것을 보지 못한다.

우리의 헌신과 대화와 영적 일상들은 어떠한가? 과거와 똑같은가? 오늘날 교회에는 (이스라엘 광야 세대에도 그랬듯이) 주께서 그를 따르는 신실한 자들에게 약속하신 유산을 향해 걸어가면서 좋을 때나 나쁠 때나 언제 어디서나 일관된 헌신으로 살아가는, 경험 있는 믿음의 선배들이 절실히 필요하다. 오늘, 그리고 10년 후에 우리는 어떤 모습이겠는가?

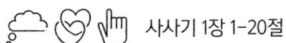 사사기 1장 1-20절

"2월 한 달간 말씀과 동행한 기록을 남겨주세요."

주

1. Bruce Milne, *The Message of John*, The Bible Speaks Today (IVP Academic, 2020), p 21; 브루스 밀른, 『요한복음』 정옥배 역, IVP.

2. James Montgomery Boice, *The Gospel of John: An Expositional Commentary* (Zondervan, 1975), Vol. 1, p 89; 제임스 몽고메리 보이스, 『요한복음 강해 1』, 서문강 역, 쉴만한물가.

3. John Calvin, *Commentaries on the Epistle of Paul the Apostle to the Hebrews*, John Owen 번역, Hebrews 6:9.

4. C. H. Spurgeon, "Overcome Evil with Good," *The Metropolitan Tabernacle Pulpit* 22, no. 1317, p 556.

5. Charles H. Gabriel, "My Savior's Love"(1905).

6. Cecil Frances Alexander, "There Is a Green Hill Far Away"(1848); 세실 프란시스 알렉산더, 찬송가 146장 "저 멀리 푸른 언덕에"(인용된 가사는 역자 직역).

7. William R. Newell, "At Calvary"(1895).

8. James B. Adamson, *The Epistle of James*, The New International Commentary on the New Testament (Eerdmans, 1976), p 54.

9. Octavius Winslow, *Soul-Depths and Soul-Heights* (Banner of Truth, 2006), p 1.

10. Isaac Watts, "O God, Our Help in Ages Past"(1719); 아이작 왓츠, 찬송가 71장 "예부터 도움 되시고"(인용된 가사는 역자 직역).

11. Derek Kidner, *Psalms 1-72*, Kidner Classic Commentaries (1973; reprinted IVP: 2008), p 151.

12. James Chadwick, "Angels We Have Heard on High"(1862), 프랑스 전통 캐럴 "Les Anges dans Nos Campagnes"를 번역함; 제임스 채드윅, 찬송가 125장 "천사들의 노래가."

13 Alec Motyer, *The Message of James*, The Bible Speaks Today (IVP Academic, 1985), p 162; 알렉 모티어, 『야고보서(BST 성경 강해 시리즈)』, 정옥배 역, IVP.

14 Daniel Webster Whittle, "I Know Whom I Have Believed"(1883); 다니엘 웹스터 휘틀, 찬송가 310장 "아 하나님의 은혜로"(인용된 가사는 역자 직역).

15 Derek Kidner, *The Message of Ecclesiastes*, The Bible Speaks Today (IVP UK, 1976), p 104.

16 Cecil F. Alexander, "All Things Bright and Beautiful"(1848).

17 Lynn DeShazo, "More Precious Than Silver"(1982).

18 Beatrice Cleland, "Indwelt," in *Our Aim: A Monthly Record of the Aborigines Inland Mission of Australia* 68, no.7 (17 March, 1955), p 1.

19 Charlotte Elliot, "Just As I Am, Without One Plea"(1835); 샬롯 엘리엇, 찬송가 282장 "큰 죄에 빠진 날 위해"(인용된 가사는 역자 직역).

20 John Lennon과 Paul McCartney, "In My Life"(1965).

21 John Calvin, *Commentary on the Harmony of the Evangelists Matthew, Mark, and Luke*, William Rringle 번역 (Calvin Translation Society, 1845), Vol. 2, p 347.

22 Joseph Medlicott Scriven, "What a Friend We Have in Jesus"(1855); 조셉 메들리코트 스크라이븐, 찬송가 369장 "죄짐 맡은 우리 구주"(인용된 가사는 역자 직역).

23 David Wells, *Losing Our Virtue: Why the Church Must Recover Its Moral Vision* (Eerdmans, 1998), p 204; 데이비드 웰스, 『윤리 실종: 세속화된 복음주의를 구출하라』, 윤석인 역, 부흥과개혁사.

24 Marc Levy, *If Only It Were True* (Artia, 2000), p 208.

25 Abraham Kuyper, "Sphere Sovereignty," in *Abraham Kuyper: A Centennial Reader*, James D. Bratt 편집(Eerdmans, 1998), p 488(강조는 저자 추가).

26 William Cowper, "God Moves in a Mysterious Way"(1773).

27 Isaac Watts, "With Joy We Meditate the Grace"(1709).

28 John H. Newman, "The Dream of Gerontius"(1865).

29 John Newton, "Amazing Grace"(1779); 존 뉴턴, 찬송가 305장 "나 같은 죄인 살리신"(인용된 가사는 역자 직역).

30 John Newton, "Amazing Grace"(1779); 존 뉴턴, 찬송가 305장 "나 같은 죄인 살리신"(인용된 가사는 역자 직역).

31 Charles Wesley, "Rejoice, the Lord Is King!"(1744); 찰스 웨슬리, 찬송가 22장 "만유의 주 앞에"(인용된 가사는 역자 직역).

32 Rosamond Herklots, "Forgive Our Sins as We Forgive"(1969).

33 Fanny Crosby, "On the Victory Side"(1894).

34 John Calvin, *Commentary on a Harmony of the Evangelists Matthew, Mark, and Luke*, William Pringle 번역(Cavin Translation Society, 1846), Vol. 3, p 19.

35 Fanny Crosby, "We Are Building"(1891).

36 Albert Einstein, "My Credo," 다음에 인용됨. Michael White와 John Gribbin, *Einstein: A Life in Science* (Free Press, 2005), p 262.

37 Westminster Shorter Catechism, Q.1; 웨스트민스터 소요리문답, 질문 1.

38 Horatius Bonar, "Christ for Us"(1881).

39 https://www.nytimes.com/1978/06/25/archives/12-white-teaches-and-children-killed-by-guerrillas-in-rhodesia.html. Accessed February 19, 2021.

40 J. White, "For Me to Live Is Christ"(1969).

41 John Newton, "Though Troubles Assail"(1775).

42 Alec Motyer, *Look to the Rock: An Old Testament Background to Our Understanding of Christ* (Kregel, 1996), p 58–59.

43 Erich Sauer, *In the Arena of Faith: A Call to the Consecrated Life* (Eerdmans, 1966), p 30.

사명선언문

너희가 흠이 없고 순전하여……세상에서 그들 가운데 빛들로
나타내며 생명의 말씀을 밝혀 _ 빌 2:15-16

1. 생명을 담겠습니다
만드는 책에 주님 주신 생명을 담겠습니다.
그 책으로 복음을 선포하겠습니다.

2. 말씀을 밝히겠습니다
생명의 근본은 말씀입니다.
말씀을 밝혀 성도와 교회의 성장을 돕겠습니다.

3. 빛이 되겠습니다
시대와 영혼의 어두움을 밝혀 주님 앞으로 이끄는
빛이 되는 책을 만들겠습니다.

4. 순전히 행하겠습니다
책을 만들고 전하는 일과 경영하는 일에 부끄러움이 없는
정직함으로 행하겠습니다.

5. 끝까지 전파하겠습니다
모든 사람에게, 땅 끝까지, 주님 오시는 그날까지
복음을 전하는 사명을 다하겠습니다.

서점 안내

광화문점	서울시 종로구 새문안로 69 구세군회관 1층 02)737-2288 / 02)737-4623(F)
강남점	서울시 서초구 신반포로 177 반포쇼핑타운 3동 2층 02)595-1211 / 02)595-3549(F)
구로점	서울시 동작구 시흥대로 602, 3층 302호 02)858-8744 / 02)838-0653(F)
노원점	서울시 노원구 동일로 1366 삼봉빌딩 지하 1층 02)938-7979 / 02)3391-6169(F)
일산점	경기도 고양시 일산서구 중앙로 1391 레이크타운 지하 1층 031)916-8787 / 031)916-8788(F)
의정부점	경기도 의정부시 청사로47번길 12 성산타워 3층 031)845-0600 / 031)852-6930(F)
인터넷서점	www.lifebook.co.kr